Conserver la Couverture

NOTES & PENSÉES

1662

PAR

JULES TROUBAT

❧

PARIS

LIBRAIRIE GÉNÉRALE DE L. SAUVAITRE

72, Boulevard Haussmann, 72

—

1888

NOTES & PENSÉES

Tiré à deux cents exemplaires

Compiègne. — Imp. A. MENNECIER et Cie, rue des Petites-Ecuries, 17

NOTES & PENSÉES

PAR

JULES TROUBAT

—⁓—

PARIS

LIBRAIRIE GÉNÉRALE DE L. SAUVAITRÈ

72, Boulevard Haussmann, 72

—

1888

A mon ami René Fossé d'Arcosse.

J'avais un ami. Il a péri dans le naufrage de la Destinée, frêle coquille de noix qui l'avait pris à son bord.

Quand il quitta Paris avec le pressentiment de n'y plus rentrer, il me remit, afin de ne pas sombrer tout entier dans l'abîme où il allait s'ensevelir, un cahier de notes, sur lequel, à l'exemple de ce qu'il voyait faire à deux maîtres célèbres, qui avaient été ses patrons, il écrivait tout ce qui lui traversait l'esprit.

Et il l'avait extrêmement mobile.

On aurait eu parfois de la peine à le suivre, tant il passait rapidement d'un bout à l'autre du clavier.

Mon ami péchait par l'absence de transitions. Du reste, il niait la logique, prétendant qu'elle n'existait pas dans la réalité ; et il se donnait nécessairement en exemple.

Mais ce que les provinciaux et les gens sages prenaient pour de l'incohérence, était plutôt de l'impressionnabilité vive.

Comme il était fort naturel, il ne savait rien déguiser. On lisait trop ce qu'il pensait, aux change-

1

ments subits de sa physionomie. Son front, surface aux reflets blancs, d'une sérénité parfaite, qui ne couvait ni ambition mesquine ni préoccupations petites, le front d'un homme simple, qu'il garda longtemps jeune, sans rides et sans plis, s'assombrissait parfois et se chargeait de nuages, à la moindre contrariété. Aussi, bien que très répandu, plus même qu'il ne l'eût désiré, un secret instinct l'avertissait de ne pas trop se montrer dans la société des hommes. Son visage à découvert le trahissait trop. Les compliments l'effarouchaient comme autant de subtilités et de malignités, dont il aurait voulu se garer. Il sentait toujours l'épigramme sous la rose, et cela par un don caché de défiance, dont la nature l'avait pourvu. C'était son aiguillon à lui.

Il tenait lui-même d'héritage un flacon d'essence particulière et exquise, qu'il aurait aimé à ne pas laisser s'exhaler, car il était une sorte de tabernacle vivant des reliques d'un grand esprit ; il lui en coûta beaucoup, dès le début, de ne pouvoir retenir et de dissiper, malgré lui, à des contacts imprévus et nouveaux, les atomes précieux dont son esprit avait eu le temps de s'imprégner dans l'intimité, pendant huit ans ; mais quand on a des pommes d'or à garder, il faut soi-même être armé comme un dragon, et la nécessité l'avait laissé désarmé. Il ne put veiller longtemps sur son trésor, et la fine cassolette perdait tous les jours de son parfum. Il en répandait un peu partout où il passait : à la fin, il ne lui en restait plus que de vagues soupçons, dont la délicatesse décelait toujours l'origine.

Quand il riait, son visage s'épanouissait et se

dilatait comme une lune. Un large éclat de rire lui coupait la figure en deux, car il n'était pas mélancolique ; il avait des exubérances de gaîté, qui faisaient le tour de la tête et déchiraient tout voile, ouvrant des jours jusqu'au fond d'une âme extraordinairement naïve et candide.

Il se gardait d'être roué.

Il n'aimait pas non plus bêler avec les brebis. C'est ce qu'on appelle manquer de tact. Comme il détestait le lieu commun, il s'était fait un certain nombre d'ennemis. Le préjugé bourgeois l'indignait : il ne trouvait pas de point d'appui philosophique dans la pensée moyenne qui veut dominer.

Si, par quelque coup imprévu du sort, mon ami venait à renaître, il serait peut-être étonné de ce qu'il a écrit. Il ne se reconnaîtrait plus lui-même.

Mais mon ami est mort et bien mort ; et, tel que je l'ai connu, il ne serait pas tenté de revivre. Dans le cours ballotté de son existence, le verso a trop souvent donné tort au recto, pour qu'il eût envie de recommencer.

En un siècle aussi profondément troublé que le nôtre, nul, parmi les petits, les soumis et les modestes, ne peut se vanter d'avoir eu une vie plus unie et moins nuisible que la sienne.

23 mars 1887.

NOTES ET PENSÉES

I

Il faut consulter les hommes sur la beauté des femmes et les femmes sur la beauté des hommes.

II

On est généralement plus dans la vérité quand on voit en noir qu'en rose.

III

Mot spirituel d'Auber : « Allons, mon enfant, il n'y a plus que mes mains qui aillent encore en bonne fortune. »

IV

Le soir qu'on donnait à l'Odéon la première
représentation de *la Conjuration d'Amboise*, de
Louis Bouilhet, Mérimée dînait chez Sainte-Beuve
avec M. Camille Doucet. Sur les neuf heures,
M. Doucet, à qui ses fonctions *directoriales* au
ministère d'Etat ne permettaient pas de manquer une
première de cette importance, prit congé de la
compagnie, et demanda à Mérimée en se retirant :
« Est-ce que vous ne venez pas voir *la Conjuration ?*...
— Qu'est-ce que cela ? répondit Mérimée, *est-ce
qu'il y a des vers là dedans ?* »

V

On critiquait le peintre Amaury Duval d'avoir
exposé, au Salon de 1862 ou 1863, une Vénus debout.
« Il faut bien se reposer quelquefois, » dit madame
de T...

VI

Les gens *sérieux* sont ceux qui font le plus
sérieusement des sottises.

VII

Je soutiens qu'on n'est réellement un critique compétent en un art quelconque que si l'on est soi-même un peu du *métier* : sans quoi l'on n'en parle que de sentiment, et comme un poète, des nuages, sans savoir de quoi ils sont formés. Le progrès, même en art et en littérature, — qui passeraient à l'état d'enfantillage, s'ils refusaient de s'élever à l'unisson des autres progrès modernes de l'industrie et de la science, — exige davantage de nos jours et veut qu'on pénètre plus avant dans le *natura rerum*, qu'on n'en soit pas du moins tout à fait ignorant. Aussi je comprends bien Sainte-Beuve qui voulant posséder à fond les sujets dont il s'occupait, du jour où il eut acquis une autorité incontestable, évita cet écueil de la critique artistique, qu'il n'envisagea plus que par les dehors littéraires (*Gavarni, Vernet* [1]), parce qu'il ne s'y trouvait pas suffisamment initié par la pratique même : il ne se sentait pas, en un mot, maître du tissu, comme un artiste des Gobelins.

VIII

Ce n'est qu'avec des natures grossières qu'on n'est jamais au-dessus du soupçon et de la calomnie.

---

1. Auber aussi le tentait beaucoup par la finesse de son esprit et son amour de Paris.

IX

La femme appelle son mari *tyran*, quand il ne veut pas se soumettre à ses caprices. C'est bien le cas de l'Église, qui se prétend *persécutée*.

X

Le public se passionne pour l'Académie comme pour une élection politique. A chaque événement *à huis clos* qui se passe sous la coupole de l'Institut, vite, grand émoi dans l'opinion. On se demande qui est nommé, qui le *recevra*; on se dit qui on aurait dû élire à la place, etc. Il semble que le sort de la France soit en partie attaché à cette tempête sous verre, qui se renouvelle à chaque mort d'Immortel. Eh ! mon Dieu, laissons MM. les académiciens se choisir entre eux : personne mieux qu'eux ne sait qui est digne d'entrer dans l'illustre Corps. L'Académie, à proprement parler, n'est qu'un salon, où tout le monde n'a pas le droit d'être invité. Les maîtres du salon sont bien libres d'y recevoir qui ils veulent ; le public n'a pas à voir si tels ou tels sont plus dignes d'y entrer que d'autres. Vous ne pouvez pas forcer un maître de maison à faire les honneurs du *at home* à toutes les illustres figures, s'il en est parmi elles qui ne lui plaisent pas, et comme, somme toute, il n'y a à l'Académie française que quarante places, et qu'il reste encore en France plus de quarante hommes d'esprit, on voit donc qu'il est impossible que tous y entrent. D'ailleurs, c'est une question de *bonnes manières* ; une des premières conditions pour entrer à l'Académie française est d'avoir la réputation d'un homme poli, et tous les hommes de talent connus et célèbres ne la méritent pas. Il faut aussi être de ce qu'on appelle une *coterie*, un salon où l'on est patronné pour ses mœurs *honnêtes,* ses opinions de *bon ton,* un certain esprit de conversation que ne savent pas acquérir tous ceux qui n'ont de l'esprit que la plume à la main. Il faut savoir plaire aux femmes, et surtout aux *vieilles* femmes, si elles ont de l'influence. On passe ainsi d'un salon à l'autre, l'Académie n'étant pas, je le répète, autre chose qu'un salon où l'on cause de tout, et comme la politique domine et prédomine sur tous sujets, de nos jours, il ne faut donc pas s'étonner qu'elle soit devenue un salon, une coterie politique... et réactionnaire (1871).

XI

Pour si dur que soit le travail intellectuel, il est encore chez celui qui peut s'y livrer un privilége d'éducation et de naissance.

XII

Savez-vous le défaut des pièces de Meilhac et

Halévy? Mettez en présence de *La petite marquise* le talent humain et cordial de madame Sand, celle-ci passera pour une fichue bête.

XIII

Il ne faut pas encourir la disgrâce des maîtres (et des grands), si on veut garder la bonne grâce des valets, des courtisans et de tous les subalternes.

XIV

En France, on pardonne moins vite un écrit qu'un crime.

XV

La vie est comme une longue route, monotone, escarpée et rude, sur laquelle, quand on ne veut pas s'arrêter de découragement, et qu'on est forcé d'avancer, il ne faut jamais regarder derrière soi l'espace kilométrique qu'on a déjà parcouru, ni trop chercher à pénétrer l'espace qui reste encore à parcourir. On serait tenté de se coucher sur le chemin, au risque de se laisser écraser par les voyageurs plus alertes ou moins fatigués. — Οἱ καμόντες, *les fatigués,* c'est le mot par lequel les Grecs désignaient les morts.

XVI

Je suis naturellement porté à la confiance, à la tolérance, à l'indulgence les plus absolues ; mais je reconnais l'infériorité morale des gens, lorsque je me sens, de leur part, l'objet d'une pression voulue, d'une inquisition quelconque, d'une surveillance railleuse ou de tout autre nature.

XVII

Pour aimer la vie, il ne faut être ni très sensible ni très délicat.

XVIII

Tout ce qu'un parti reproche à l'autre, il le commet à son tour, quand il est au pouvoir.

XIX

Je ne crois pas qu'il y ait des *docteurs* en politique. Ceux qui disent : le suffrage universel s'est trompé, se trompent eux-mêmes. Le suffrage universel a toujours raison... sans quoi il aurait toujours tort. Il faut admettre que le suffrage universel entend mieux son intérêt que ceux qui prétendent le diriger... Le pays n'est pas doctrinaire, et les hommes de partis le sont tous plus ou moins (à quelque parti qu'ils appartiennent).

XX

Je connais des républicains réactionnaires ; j'ai connu des bonapartistes *républicains*, et des républicains *orléanistes*. Beaucoup de libres penseurs ne sont pas républicains : beaucoup de républicains ne sont pas libres penseurs.

XXI

Les hommes de plus de soixante ans, réfractaires aujourd'hui à la Révolution, et enragés révolutionnaires en 1830, oublient qu'il y a eu PRESCRIPTION pour eux. S'ils avaient été vaincus en 1830, on eût été moins cruel alors à leur égard qu'ils ne l'ont été contre les insurgés de juin 1848 et de mai 1871. Mais l'effet moral eût été le même contre eux, car ils étaient de l'étoffe dont on a fait depuis ce qu'ils appellent avec rage des *communards*. — C'est qu'on n'aime jamais ceux qui vous succèdent.

Il faut être un grand esprit pour pouvoir dire comme Voltaire à François de Neufchâteau, pour ses *Poésies légères :*

Et j'aime en vous mon héritier.

XXII

Toutes les fois qu'on renverse un gouvernement
établi depuis de longues années, qui a assuré la
sécurité à de nombreux intérêts matériels, financiers,
industriels, scientifiques, artistiques, littéraires, etc.,
on frappe tout le monde pour punir le crime de
quelques-uns. En arrachant l'arbre violemment et
brutalement, on ne songe pas qu'on ébranle tout le
terrain alentour, qu'on entraîne dans un éboulement
forcé d'autres êtres qui ne demandaient qu'à vivre et
dont l'existence était utile à la société tout entière.
Je ne parle pas de ces sangsues qui se collent éternellement à tout pouvoir quel qu'il soit, qui retrouvent toujours la veine, le bon endroit... mais les
pauvres gens qui vivent honnêtement de leur travail,
de leurs petits revenus, de leur petite industrie,
ceux-là sont exposés du jour au lendemain à voir
leurs intérêts compromis et à fermer boutique par
l'effet d'une révolution. Combien cependant, parmi
les plus enragés conservateurs du lendemain, quand
ils sont arrivés au pouvoir, ont contribué à cette
révolution de la veille ! Cela s'est vu...

XXIII

Préault me dit un beau mot : « Beaucoup de
peintres ont exprimé la douleur, Eugène Delacroix
est le premier qui ait senti et rendu l'angoisse. »

XXIV

En 1848, un sculpteur nommé Lescorné, né à Langres comme Diderot, et auteur d'un buste du célèbre philosophe, eut l'idée d'élever une statue à ce grand homme dans Langres même. Il en parla à Ledru-Rollin, en l'avertissant des entraves cléricales qui avaient jusque là empêché l'exécution de son projet. Il demandait l'aide du gouvernement de la République. « Est-ce que vous croyez, lui dit Ledru-Rollin, que nous voulons nous brouiller avec le clergé pour une statue ? »

XXV

La société aime mieux les gens se contrefaisant que les gens naturels.

XXVI

J'ai remarqué qu'aux moments de crise politique et de réaction, *ces dames* des beaux quartiers avoisinant le boulevard mettent volontiers le *client*, sans le connaître, sur le chapitre de la politique. Et d'abord elles se plaignent de manquer d'argent, et en font remonter directement la cause au gouvernement. Gardez-vous d'afficher avec elles des opinions qui ne soient pas dans le courant du jour... vous

risqueriez de tomber dans un traquenard, quand
vous causez avec quelqu'une de ces dames. Elles
manquent d'argent et cela explique tout. Prenez pour
principe qu'elles sont de la police.

XXVII

Une imposture commune sert de base à toutes les
sectes, à toutes les philosophies non positives.

XXVIII

La Bruyère est à la littérature moderne ce que
Raphaël a été à la peinture de son temps : la plus
haute expression, à son moment, de l'art sortant du
gothique, se dégageant de ses langes, se déroidis-
sant, cherchant le mouvement et la vie. Diderot a
repris cette œuvre d'émancipation au xviiie siècle. Il
a *dénoué* l'art et le roman, qui en étaient encore aux
abstractions et aux conventions. Plus de noms de
guerre ni de comédie : mais de véritables noms propres, empruntés à la vie *moderne*, et des personnages
qui apportent la sincérité de la passion dans le livre
comme dans la réalité, sans gêne ni contrainte. C'est
le mouvement de 89 qui s'opère dans le roman au
temps de Diderot. La bourgeoisie triomphe là comme
ailleurs. On est à la fois Romain et bourgeois, mais
l'art contemporain domine. — Aujourd'hui l'on y va
du scalpel et de la loupe : les romanciers modernes

ont fait de leur art une science ; on ne se contente
plus d'être un moraliste, on veut être un physiolo-
giste, bien que le laboratoire du véritable physiolo-
giste présente d'autres instruments de travail que le
cabinet d'un homme de lettres. — Balzac a été l'un
des plus puissants maîtres du genre, celui qui a le
plus contribué à ce grand œuvre d'alchimie moderne,
où il entre tant d'éléments en fusion.

XXIX

Pourquoi Balzac a-t-il tant détesté Sainte-Beuve,
et réciproquement ? Ils accomplissaient tous deux un
rêve obstiné de travailleurs à la recherche de la
vérité, mais ils y allaient chacun avec leur nature
diverse. L'un y apportait toute la fougue de son
génie, une sorte de Saint-Simon, la tête en feu, toujours *fumant*... — Sainte-Beuve, au contraire, appli-
quait ses méthodes d'investigations à des sujets
concrets et réels : il créait sa Comédie humaine à lui
dans le domaine de la littérature et de l'histoire, et
ses personnages ne le passionnaient pas moins que
Balzac. Il y sacrifiait tout, et c'est l'illusion qui devenait pour lui la réalité. Comme on l'a raconté de
Balzac, il vivait tellement dans son œuvre que tout,
autour de lui, devait s'y soumettre et s'y plier.
La forge était perpétuellement allumée, et le foyer
toujours incandescent. Seulement, chez l'un, c'était
un feu de titan : chez l'autre, c'était plutôt la lampe
et l'atelier d'un lapidaire.

XXX

Quel vent de vertu souffle donc sur les journalistes de France ?

Parce qu'il a plu à une femme d'esprit de se raconter autrement qu'en buste, en mêlant à sa vie intime des noms d'hommes célèbres sur lesquels le public est toujours friand d'anecdotes, quoi qu'on en dise, voilà que de toutes parts les *puritains* (un mot qui a deux lettres de trop) tendent le mouchoir pour cacher le sein de Dorine.

Mais à qui donc cette femme a-t-elle fait du tort avec son livre des *Enchantements de Prudence* ? Au contraire de certains *bas bleus,* qui déchirent ceux qu'elles ont le plus aimés, qui se plaisent à les traîner dans la poussière et dans la boue, celle-ci les exalte, les peint en vrai et en beau (ce qui n'est pas toujours la même chose) ; elle est arrivée même parfois à les *idéaliser :* elle leur rend du moins un charme — à Chateaubriand entre autres — qu'on n'était pas accoutumé à leur voir.

C'est une femme philosophe, païenne et non chrétienne. — Là est tout son crime dans cette période d'hypocrisie nouvelle que nous subissons. — On sent chez elle un esprit élevé, une intelligence libre et forte, qui n'a pas voulu se dompter ni se soumettre, qui est restée au-dessus du niveau commun des idées étroites et pudibondes de nos jours. Son éducation, son instruction ont été viriles : elle s'est abreuvée de

bonne heure aux sources naturelles de l'antiquité.
Elle a lu Cicéron et Virgile, elle s'en souvient à propos, elle cite les plus grands, les plus nobles penseurs de tous les siècles, elle ne connaît rien de bas
ni de trivial.

Quoi d'étonnant que ses plus récents insulteurs lui
aient opposé et préféré le bienheureux béatifié Benoît
Labre, qui ne mordit jamais, disent-ils, qu'au latin
liturgique ? — Je le crois bien ; et ils lui en font un
honneur et une gloire ! — Ils sont logiques, mais
c'est le contraste précisément qui est tout à l'éloge
d'un esprit distingué comme celui de madame
Hortense Allart de Méritens. Elle procède elle-
même de Jean-Jacques Rousseau et des *Confessions :*
elle est petite-fille de madame de Staël. Le vigou-
reux talent de madame Sand l'a prise sous son
égide : il n'en fallait pas davantage pour déchaîner
contre elle la meute des dévots.

Nous ne ferons à cette dame qu'un reproche, —
mais qui tient à sa culture d'esprit anglaise, — celui
d'être *aristocrate.* Elle n'a rien compris en cela au
temps moderne, et, par un préjugé qui lui vient, non
de race, mais de ses lectures et de ses fréquentations
exotiques, elle se dissimule à dessein les véritables
sources de fécondation de l'avenir, quand la bourgeoisie, à son tour, comme la vieille noblesse, aura
séché sur pied.

Mais que l'ancienne amie de Chateaubriand, de
Béranger et de Sainte-Beuve méprise donc ses
détracteurs ! Ils insultent les femmes parce qu'ils ne
les aiment pas.

XXXI

Le père Gratry, quand il faisait ses visites de candidat à l'Académie, dit à Sainte-Beuve : « Si vous veniez à nous, vous auriez vingt-cinq mille lecteurs de plus. »

XXXII

Où diable la platitude va-t-elle se nicher ! Voilà Jules Gérard, le tueur de lions, le plus courageux des hommes, qui avait lui-même un cœur de lion, qui dit à un endroit de son livre : « Cette carabine, qui avait été ma compagne de périls, et qui m'avait sauvé la vie en bien des circonstances, m'était chère surtout, *parce que je la tenais du duc d'Aumale !* » — C'est une flatterie bien inutile à la distance et sur le terrain où se tenait Jules Gérard. Mais l'homme est faible, même quand il est le plus fort, le plus *vertueux* des hommes, dans le sens de *virtus* (courage).

XXXIII

Ferulus est un esprit caustique et sans flamme ; — et, en général, le défaut des caustiques est de manquer de flamme.

XXXIV

Quand on a vécu avec un homme supérieur, on
ne peut s'empêcher de le nommer souvent. Préault a
toujours le nom de Delacroix aux lèvres.

XXXV

Les hommes mariés, et qui veulent que les autres
se marient, me font l'effet du renard ayant la queue
coupée, et qui veut que tous les renards se la
coupent.

XXXVI

Le monothéisme est un reste du polythéisme ; —
la royauté est un reste du moyen âge et de la bar-
barie ; — la peine de mort est un reste de la torture.

XXXVII

M. Baudement, de la Bibliothèque nationale, qui
vient de mourir, était un fort galant homme et un
excellent latiniste. Il a traduit la plupart des auteurs
latins publiés sous la direction de M. Désiré Nisard.
Il avait beaucoup d'esprit, et cultivait parfois le

calembour avec bonheur. C'est lui qui me dit un jour, à la Bibliothèque, en me montrant le banc des conservateurs : « Le banc des R... » Il était, en effet, absolument *désert* en ce moment-là, et les conservateurs, qui avaient le droit de s'y asseoir, s'appelaient tous les trois par un nom, commençant par un *R* : Richard, Rathery, Ravenel.

XXXVIII

On juge qu'une expression est bien trouvée, quand elle devient populaire. A la dernière séance de la Commission de permanence, Noël Parfait, répondant à un ministre qui disait que jamais les journaux n'avaient été plus *libres*, a répliqué ainsi : « Oui, les journaux d'alcôve. » — Depuis ce moment, l'expression, *journaux d'alcôve*, se répète. — Hier *le XIXᵉ Siècle*, parlant des funérailles civiles de M. Baudement, disait : « Et voilà ce que les *journaux d'alcôve* appellent un enfouissement civil. » — Aujourd'hui, Elie Reclus, m'interrogeant par lettre, me demande ce qu'il y a de vrai dans ce que les *journaux d'alcôve* ont raconté au sujet de Sainte-Beuve. — Cette expression, *journaux d'alcôve*, est trouvée, elle a réussi, elle caractérise bien ce qu'elle veut dire (21 octobre 1874).

XXXIX

Etre dur pour soi-même, c'est s'aguerrir.

XL

Madame de Gasparin écrit depuis la mort de son mari des lettres pleines d'une douleur déchirante. J'ai relevé une expression dans une de ses lettres : « *Je me meurs, l'âme me meurt, tout me meurt.* » — Ce sont des cris de Sapho mystique et chrétienne, mais l'inspiration poétique a en elle son point de départ dans la même souffrance : l'absence, la séparation, l'amour (tout mystique et chrétien, je le répète, chez madame de Gasparin). — Sainte-Beuve a fait un parallèle entre elle et Eugénie de Guérin dans les *Nouveaux Lundis :* il ne l'a pas connue sous cet aspect de veuvage désolé, qui a ouvert une nouvelle veine à son talent : c'est son cœur qui saigne et qui l'alimente. C'est d'un sentiment et d'une conviction profondément respectables.

XLI

Il ne faut pas donner aux hommes de l'autorité sur soi. La plupart en abusent : les esprits supérieurs et d'élite sont ceux qui n'en prennent qu'une part légère et dans un noble but. Les natures vulgaires, dès que vous vous soumettez à elles, vous font souffrir. Malheureusement on n'est pas toujours maître de sa destinée.

XLII

Dans les régions élevées et supérieures, il n'y a
pas de *coterie* proprement dite. Le vulgaire se mé-
prend quelquefois sur le mot, comme il appelle
réclame, indistinctement, tout hommage public rendu
au talent ou au génie. — Ceux surtout qui sont
exclus de ce qu'ils nomment dédaigneusement *coterie*
se montrent impitoyables dans le dénigrement. —
Quand on a vécu dans le commerce des grands
esprits, on sait qu'ils sont habituellement *solitaires*
(même au milieu de la foule, même entourés d'amis),
et assez forts cependant pour vivre *seuls* : un haut et
légitime orgueil les préserve de toute *solidarité*, de
toute *camaraderie*. Quand leurs convictions ont la
science et l'observation pour base, la vérité sur les
hommes et les choses sort inflexiblement de leurs
lèvres et ne dévie jamais. De là tant d'ennemis qu'ils
se font. On ne peut même les défendre sans s'attirer
des inimitiés [1].

XLIII

Il y a plus de philosophie dans la modération et
la tolérance que de fermeté inébranlable dans l'exagé-
ration et l'intolérance qui ne sont souvent que des
fièvres passagères ou des déguisements pour cacher
l'infirmité du fond.

---

1. Je prends mes exemples de haut. J'ai connu Sainte-
Beuve et j'ai connu Raspail.

XLIV

Les conservateurs sont ceux qui croient que toutes les choses et tous les hommes sont à leur place, parce qu'ils se trouvent bien.

XLV

Sainte-Beuve a constaté l'amour *athénien* des Français pour les discussions grammaticales. Dans un de ses articles sur l'Académie, il a dit que les séances solennelles de l'Institut intéresseraient toujours notre nation. Un jour des ouvriers lui écrivirent pour le consulter sur un point douteux de notre langue ; il se fit un devoir de répondre et de donner son opinion. Seulement, comme c'était un dimanche et que ce jour-là il avait coutume d'écrire dès le matin à madame Magny (du restaurant rue Contrescarpe Dauphine) de lui garder un cabinet le soir pour un dîner de deux personnes, il se trompa d'enveloppes : il envoya aux ouvriers la lettre destinée à madame Magny et à madame Magny la lettre destinée aux ouvriers. Ceux-ci comprirent la méprise, sourirent probablement, et s'empressèrent d'aller demander à madame Magny si elle n'avait pas reçu une lettre pour eux, en même temps qu'ils lui restituaient la sienne. — Et voilà ce que j'appelle de bonnes mœurs, et des mœurs policées.

C'est essentiellement parisien. Cela côtoie l'Institut, et méritait bien un billet un jour de séance.

XLVI

Chaque race humaine a son Dieu auquel elle parle en sa langue. La race latine lui adresse ses prières en mauvais latin ; les Allemands le prient dans leur idiome gothique, qui n'en prête pas moins à la musique et à la poésie, puisqu'ils ont Luther, Gœthe... etc.

XLVII

L'essentiel est d'oublier la vie en travaillant. Les heures passent vite quand on s'absorbe dans une occupation qu'on aime. On en perd le sentiment des jours et des nuits.

XLVIII

Il n'y a pas de ville pour se retrouver ou pour se fuir comme Paris. On s'évite toujours ou l'on se voit, quand on veut, dans Paris.

XLIX

Un fait n'en détruit pas un autre antérieur.

L

Quand on se mêle de politique, il faut savoir envisager la mort de sang-froid. C'est le revenant-bon des convictions sincères et désintéressées.

LI

Tout homme qu'une femme gouverne est sûr d'aller à la dérive.

LII

La femme de plaisir n'est pas toujours la plus dangereuse.

LIII

J'ai plus souffert par mes qualités que par mes défauts et mes vices (car j'ai des uns et des autres).

LIV

Je crois qu'il ne reste plus, de ceux que nous avons connus, que l'ombre dans notre imagination.

LV

Partout où l'on travaille, l'on chante. Le chant fait passer agréablement les journées de travail. Les menuisiers, les blanchisseuses chantent, le rabot ou le fer à la main. L'homme de lettres ne peut pas chanter.

LVI

De même que l'appétit vient en mangeant, les idées viennent en travaillant.

LVII

Les gens délicats sont plus susceptibles que les autres ; ils ont l'épiderme plus sensible.

LVIII

L'exemple du bien est contagieux comme l'exemple du mal.

LIX

Je suis, moi, pour que le droit de tous se fonde.

LX

Préault me raconte un mot qu'il tenait d'un de ses vieux parents, et qui circulait dans le peuple lors du mariage de Louis XVI avec Marie-Antoinette. Marie-Thérèse aurait dit : « Je ne puis mieux me venger de la France, qu'en lui donnant ma fille. »

LXI

La liberté, comme toutes les institutions, a besoin d'être fondée.

LXII

La fille de Lamartine, toute jeune, encore enfant, se promenait un jour dans un parc à Florence, et elle disait : « Le ciel, les étoiles, la lune, les arbres verts... » Quelqu'un qui l'entendait lui demanda : « Qu'est-ce que vous dites donc, mon enfant ? » Elle répondit : « Je dis comme papa. »

LXIII

On n'a pas le droit de punir les opinions d'un homme : on peut frapper ses actes, non sa pensée.

LXIV

Les pédants ne montrent que l'envers de ce qu'ils savent. Ils ne savent pas faire aimer la littérature grecque : ce qu'ils en écrivent ressemble à des tapisseries des Gobelins vues par derrière.

LXV

Ceux qui s'étonnent de l'intelligence des animaux oublient que c'est le même principe qui a créé leur intelligence à eux. Mais l'homme ne veut pas convenir qu'il est lui-même un phénomène.

LXVI

Le meilleur moyen de décharger sa bile est d'écrire ce qu'on a sur le cœur. Comme cela l'on n'en fait pas une maladie.

LXVII

Tout ce qui coule d'inspiration et comme de source, à point nommé, est bon, parce qu'il est *sincère*.

LXVIII

Dans une conférence récente (11 novembre 1875), About a dit quelque chose de juste et de fort spirituel : « On voit tous les jours des couvents hériter de quelqu'un ; on ne voit jamais personne hériter d'un couvent. »

LXIX

En fait de croyances, les hommes ont raisonné comme s'il suffisait de ne rien savoir pour tout connaître. Je ne sais pas, donc je sais. Telle est la force de l'argument, sur lequel se base, depuis des milliers d'années, tout article de foi. Ne rien savoir a paru le commencement de la sagesse pour tout croire et tout affirmer. Ordinairement on demande des preuves plus certaines en témoignage dans les plus simples opérations de la vie : mais en fait de mysticisme et de métaphysique, il suffit d'un fou ou d'un charlatan de génie pour en imposer aux hommes. La force brutale, le pouvoir *temporel* s'en emparent ensuite comme moyen politique et achèvent d'implanter parmi les nations ce que la persuasion seule ne réussirait pas toujours à faire prendre. Il reste bien des réfractaires : mais les ignorants, qui font la majorité, mordent au merveilleux ; et à la rigueur on sait les y réduire.

LXX

Les chansons de Béranger, *Ma grand'mère* et *Ma nourrice*, sont de l'immoralité saine.

LXXI

Béranger est encore un *consolateur* de l'humanité avec sa gaudriole.

LXXII

Les sots veulent avant tout paraître *intéressants :* les esprits dits positifs sont surtout *intéressés.*

LXXIII

L'hiver est la saison des riches. Les pauvres n'oublient leur misère que l'été et se font illusion en cette heureuse saison. L'hiver les ramène à la dure et *froide* réalité... Comment chanter les douceurs du coin du feu quand on y regarde à deux fois avant d'acheter du charbon et du bois ?

LXXIV

Les écrivains d'aujourd'hui découpent leur vie en romans et comme par tranches. C'est bon une fois sous une émotion sincère ; mais quand un roman est écrit à froid et composé exprès pour faire de la *copie*, il est rare qu'il soit bon. Il peut encore être bien *monté*, bien *machiné*, ce qu'on appelle *réussi :* mais c'est une pièce d'*industrie*, c'est une œuvre *voulue*, elle n'est plus inspirée, et cela se sent.

LXXV

Chaque époque donne toujours naissance à un vice qui se développe plus tard sous un régime favorable. Ce vice pressenti fait les grands moralistes, dont on dit ensuite que leurs créations ont devancé les temps. Molière écrit *Tartufe*, dit Sainte-Beuve, « quelques années avant que le vrai Tartufe triomphât sous Louis XIV. Le Sage fit *Turcaret* quelques années avant que Turcaret fût au pinacle sous la Régence. » On a dit de Balzac que toute une génération s'était modelée sur ses personnages. C'est vrai, mais il en avait eu la vision sous Louis-Philippe. Ses hommes sont venus ensuite sous l'Empire. Sainte-Beuve a méconnu Balzac en cela : un des héros de *Mercadet*, l'homme aux expédients, se retrouve certainement dans ce prince de ..., gendre d'un financier célèbre. — A un point de vue supérieur, Voltaire avait *dénoué* son siècle et l'avenir, ce qui a fait dire à Musset :

> Ton siècle était, dit-on, trop jeune pour te lire :
> Le nôtre doit te plaire, et tes hommes sont nés.

C'est l'éloge de Voltaire que Musset faisait là sans le vouloir, et la fameuse apostrophe de *Rolla* perd de son amertume, quand on la prend au pied de la lettre.

LXXVI

La plus belle comédie des temps modernes, parce qu'elle en a réalisé le type le plus commun, est célle des *Faux bonshommes*. Le faux bonhomme est partout... où n'est-il pas ?

LXXVII

Y a-t-il quelqu'un qui vaille mieux que sa réputation ? — Oui, certes. — Et qui ? — Tous ceux sur qui la badauderie s'exerce et clabaude avec le plus d'acharnement.

LXXVIII

Je ne connais personne dont on ne m'ait dit du mal.

LXXIX

Je trouve absurde d'écraser un petit nom avec un
grand nom, car les hommes, même paraissant
s'exercer dans un genre pareil, ne se ressemblent
guère : chacun a son individualité (Lachambeaudie
et La Fontaine) ; mais je trouve trois fois plus
absurde d'essayer d'écraser un grand nom avec un
petit nom. Il me semble alors qu'un homme, parce
qu'il se serait caché la vue de la lune avec la main,
s'écrierait : « Voyez, ma main est plus grande que
la lune. »

LXXX

En fait de style, se jeter à l'eau tout d'abord ; et
de quelque manière qu'on nage, pourvu qu'on traverse la rivière, peu importe !

LXXXI

L'humanité est ainsi, qu'elle ne peut pas vous
accorder un bienfait sans vous en demander une
rémunération.

LXXXII

Quand j'entends vanter l'humeur perpétuellement égale d'un homme, — son *bon caractère*, comme disent les grisettes, — je pense : cet homme doit être un oisif.

LXXXIII

La mort est l'espérance et la consolation de la vie.

LXXXIV

Les femmes sont comme les chats : elles se font plaisir d'abord à elles-mêmes.

LXXXV

Il n'y a pas deux grandes lignes en histoire, et il y a une foule de chemins de traverse qui déroutent.

LXXXVI

En politique, les propositions mûres et hardies viennent plus souvent d'hommes dont la considération est suspecte que des plus réputés honnêtes gens. Les honnêtes gens sont peu osés, circonspects, timides, empêtrés dans la routine : ils veulent et ne veulent pas tout à la fois. Les autres se précipitent, le front haut, vers le point qu'il s'agit de conquérir. Quand ils ne l'enlèvent pas d'assaut, ils sont tenaces et restent sur la brèche. Ils finissent par l'emporter. Témoin Mirabeau (qui n'était pas une *vierge,* au dire de Sainte-Beuve)... et l'on en citerait bien d'autres.

LXXXVII

Le progrès n'est possible qu'à la condition de ne pas être interrompu à chaque instant par des cataclysmes sociaux. C'est pour cela qu'il est moins avancé en France que chez les autres nations.

LXXXVIII

Il n'y a pas deux morales, il y en a autant que d'intérêts personnels et de professions sociales. Molière prend son bien où il le trouve.

LXXXIX

J'aime ce qui est grand et simple : j'aime Molière.

XC

C'est étonnant comme les légendes se créent. Dernièrement je dinais à une table d'hôte, à Nemours. J'entendais causer trois commis voyageurs, fanatiques du journal *le Temps* et de M. Neſſtzer. L'un d'eux s'écria tout à coup, à mon grand ébahissement : « Quel dommage qu'il soit mort ! — Il est mort ? » dirent les deux autres. « Il a été fusillé pendant la Commune, » reprit quelqu'un avec le plus grand sang-froid. — « Non, vous confondez, dit un autre, il est mort il y a trois mois. » Et voilà M. Neſſtzer enterré à la table d'hôte de Nemours. Qu'est-ce qui avait pu donner naissance à ce bruit ? Est-ce le plaisir, chez celui qui l'accréditait, de paraître mieux renseigné que les deux autres ?

Et que doit-il en être de nos erreurs morales et de la plupart de nos opinions, qui ne peuvent être basées sur des faits, quand nos erreurs matérielles sont si grossières ? Il est vrai que l'humanité s'en tire par le *Credo quia absurdum*. Elle passe outre à l'erreur, sans y attacher plus d'importance (1872).

XCI

Nous sommes ainsi faits que nous discutons plus volontiers une vérité évidente qu'une absurdité ou un prodige.

XCII

Les *malins* se distinguent surtout dans ces circonstances, en ce qu'ils ne croient point à ce qui est trop simple, tandis qu'ils ajoutent foi aux plus énormes balourdises.

XCIII

Un dimanche je me promenais au Jardin d'acclimatation avec Champfleury. Une autruche venait de pondre un œuf. Quand je dis à des personnes qui s'arrêtaient en passant : « Cet œuf vient d'être pondu, » elles crurent que je me moquais d'elles. Quelqu'un alla même jusqu'à me traiter tout bas, moi candide, de *mauvais plaisant.* — Qu'est-ce qu'il y avait pourtant de plus simple? — Mais justement, voilà : c'était trop simple.

XCIV

Ce n'est plus qu'en province que le mot *chalet* prend un accent circonflexe ; *hasard*, un *z*, etc. — Il y a une orthographe de province, comme il y a des auteurs de province. Charles Nodier, Alphonse Karr sont des littérateurs qui ont gardé toute leur réputation à trois cents lieues de Paris. « Comme dit Alphonse Karr » est encore un cliché de province.

XCV

En prenant un type là où .'. le trouve (ce qu'on
nomme aujourd'hui un document humain), le romancier se comporte comme le naturaliste qui tombe sur
une plante rare, et qui s'en empare, l'étudie, l'ana-
lyse, la signale au monde savant. La plante est
peut-être une excellente mère de famille, qui ne
serait pas bien aise de faire parler d'elle, si elle se
rendait compte du bruit qu'elle fait. — Ainsi le moraliste fait violence à ses modèles, qui n'aiment pas
toujours à se reconnaître dans un portrait fait d'eux
d'après nature.

XCVI

La vie a des rouages contre lesquels il faut se
mettre en garde.

XCVII

Quand tu vois un grand personnage, dis-toi que
les boyaux qui l'ont engendré n'avaient rien de plus
fastueux que ceux de ton père et de ta mère.

XCVIII

Sainte-Beuve raconte que, dans son enfance, à
Boulogne-sur-Mer, il y avait deux avocats célèbres

et rivaux, qui attiraient tout Boulogne à l'audience quand ils plaidaient. L'un d'eux avait un tic : c'était de prendre les mouchettes d'une certaine manière avec les doigts, pour moucher la chandelle. L'autre avait une fille qui n'était pas jolie ; mais on était étonné de lui trouver à première vue une certaine ressemblance avec l'avocat, rival de son père. Cela faisait tout d'abord rêver : mais quand on lui voyait prendre les mouchettes, plus de doutes. C'était un trait de lumière. Elle avait exactement le même tic. *Is pater est...* Cette fois c'étaient les mouchettes qui décelaient la naissance.

XCIX

Je ne sais rien de plus sot que la rancune.

C

Il n'y a pas de différence entre la méchanceté et la sottise, quant aux conséquences. L'une et l'autre produisent les même effets.

CI

Les gens, qui font trop souvent leur propre éloge, ont besoin d'en faire accroire aux autres et à eux-mêmes. Ils plaident d'avance les circonstances atténuantes en leur faveur. Ceux qui ne parlent jamais ni d'eux-mêmes ni de leur conscience n'ont rien à faire oublier ni à se faire pardonner.

CII

(Lettre à Burty sur une eau-forte, représentant le pont des Arts). — Et à propos de ce pont cythéréen, tant aimé et pratiqué en son temps par Joseph Delorme, un mot entendu par lui, et qu'on croirait inspiré par un poète chinois, ne semblera peut-être pas déplacé ici. Où diable la poésie va-t-elle se nicher ? Sainte-Beuve avait entendu ce regret exprimé par une ouvreuse du Théâtre-Français : « Ah ! disait-elle, levant les bras en l'air, avoir vingt ans, passer le pont au bras d'un beau jeune homme, sentir le vent souffler entre ses jambes... » C'est l'éternelle chanson de Lisette devenue vieille.

CIII

Quand il arrive un grand malheur, une catastrophe, dites-vous, après le moment inévitable de stupéfaction ou de douleur, que les gens qui y ont péri sont tout simplement allés là où nous irons tous un peu plus tôt un peu plus tard. Le cours des fleuves n'est jamais ralenti par une lourde pierre qui s'engouffre au milieu : il y a tout simplement un moment de remous, après quoi l'eau comme la tombe se referme. Et c'est fini.

CIV

La première des délicatesses consiste à respecter celle des autres.

CV

Il y a des hommes qu'on peut toujours remplacer, il y a des hommes qu'on ne peut jamais remplacer.

CVI

Une jolie pensée dans *le Figaro :* « Les artistes sont des somnambules qu'il ne faut pas réveiller. »

CVII

Il y a plusieurs façons d'être réactionnaire, et la pire de ces façons, c'est d'être républicain clérical.

CVIII

On est souvent mieux payé d'une mauvaise action que d'une bonne.

CIX

Celui qui nous délivrera des légendes dites *poéti-ques* rendra un grand service à l'humanité — quand ce ne serait qu'à la poésie.

CX

— Comment ! vous ne pouvez pas cirer vous-même vos bottines ? vous avez besoin que votre femme vous les cire ? disait hier mademoiselle C... à un de mes amis qui n'a pas de bonne.

— Mes ancêtres, répondit-il, n'ont jamais ciré eux-mêmes leurs bottines ; et ce n'est pas étonnant : ils portaient des sabots.

CXI

Le suicide, le duel, l'adultère, le régicide... On a beaucoup écrit, décrété, légiféré et commenté sur ces quatre choses importantes de la vie sociale, et l'on n'a jamais pu les empêcher. C'est qu'elles sont dans la nature, qui n'est pas toujours selon le Code.

CXII

Sachez bien une chose : que pour tant qu'on ait été malheureux, on ne l'a jamais été autant qu'on peut le devenir.

CXIII

Les sots ont toujours réponse à tout : on n'a jamais le dernier mot avec eux. Les gens d'esprit savent s'avouer battus en se taisant.

CXIV

Jésus a été le dernier dieu de l'antiquité.

CXV

Je crois que rien ne se fait bien sans gravité, même les choses en apparence frivoles et légères.

CXVI

La bourgeoisie, à quelque opinion qu'elle appartienne, n'a que des vertus négatives. La générosité et la grandeur ne sont pas son lot.

CXVII

Dieu est à l'égard des hommes comme la mère de d'Alembert qui voulut que son fils *la reconnût*, quand il fut devenu célèbre et qu'il pouvait lui faire honneur : mais elle l'avait abandonné en le mettant au monde.

CXVIII

Certains problèmes n'exigent que du bon sens et de l'honnêteté pour les résoudre.

CXIX

Il faut toujours craindre en politique de faire le jeu de ses adversaires.

CXX

La politique ne doit pas être éternellement une question de nerfs.

CXXI

C'est en politique surtout qu'il ne faut pas prendre ses désirs pour des réalités.

CXXII

Toutes les fois qu'on marche au nom d'une foi quelconque, on risque de trouver la désillusion au bout.

CXXIII

Il n'y a pas de pays moins *voltairien* que la patrie de Voltaire. Dès qu'une idée claire et lumineuse se présente, il se trouve inévitablement mille petits esprits, pleins d'étroitesse, mais retors et tout puissants, pour l'arrêter.

CXXIV

Certaines gens aiment à s'enfermer dans une impasse ou à faire fausse route. Quant à moi, je suis pour les grandes routes, les routes nationales, celles qui mènent quelque part.

CXXV

Dix catholiques valent cent libres penseurs : mais, en revanche, dix libres penseurs valent cent catholiques. — En dehors du domaine des faits et de la science (et cette dernière est elle-même sujette à se tromper), je ne crois pas qu'il existe aucune chaire de vérité.

Croire et espérer peut justifier les *pressentiments* de Victor Hugo et de tous les mystiques de cet ordre élevé. Qui sait ?... Mais il est bien difficile que la transformation sur laquelle ils comptent, ce phénomène ascendant de leur être, qu'ils attendent après leur disparition de la vie terrestre, ne soit pas un fait purement matériel, — une loi naturelle de plus inconnue encore à l'homme.

Cela se rattachera peut-être dans l'avenir à quelque science physique nouvelle, quand l'œil de l'homme, armé de nouveaux instruments, aura enfin découvert quelque chose.

CXXVI

La vie est un mécanisme. Dès que le poisson est hors de l'eau, il s'asphyxie. Il est organisé pour vivre dans son élément. L'homme aussi, dans le sien. Dérangez quelque chose à ce mécanisme, et toute la machine s'en ressent. Mais la vie ? — La vie, la vie... eh bien, l'avenir en découvrira le secret, et alors adieu les grands et sacrés mystères.

CXXVII

Dieu est aussi nécessaire à Victor Hugo pour son art que le Diable à Mérimée pour le sien. — A tout instant on trouve Dieu dans l'un et le Diable dans l'autre.

CXXVIII

On n'a pas plus le droit d'entrer dans la conscience que dans la bourse des gens.

CXXIX

Un régime qui envoie André Chénier à l'échafaud, et qui a failli y envoyer Hoche, est un régime exécrable. La réhabilitation posthume de Robespierre est un sophisme.

CXXX

Toutes les fois qu'un délicat se trouve en face d'un homme grossier, il sera brisé et broyé. Le délicat n'a pas bec et ongles pour se défendre. L'homme grossier est armé de toutes pièces.

CXXXI

Quand le clergé chante aux enterrements, c'est qu'il est *content*. Quand il n'est pas *content*, cela se voit bien ; il s'en va sans presque rien dire.

CXXXII

Le génie de certains hommes, quand ils ont, dans la jeunesse, jeté, comme des volcans en éruption, tout ce qu'ils contenaient de fier, de sauvage, d'indompté, — mais le meilleur d'eux-mêmes, de leurs facultés, de leurs dons naturels, — leur génie, dis-je, se renouvelle ensuite par le travail, et ils continuent à produire. Seulement on sent qu'il n'y a plus l'inspiration. Leur cerveau ressemble en ce cas à ces timbales milanaises, qu'on utilise encore en y mettant du macaroni, quand on en a mangé le contenu primitif, celui qui leur avait donné toute leur essence et tout leur prix. (Recommandé à Charles Monselet).

CXXXIII

Les plus braves sont les plus paillards comme Henri IV, — ceux qui aiment le mieux la cotte... — ceux-là ont le moins peur des hommes : est-ce parce qu'ils aiment tant les femmes ?

CXXXIV

Se déclarer athée, c'est affirmer le doute.

CXXXV

On s'étonnerait de voir un honnête homme entrer dans un mauvais lieu. On ne s'étonne pas de voir la foule affluer à certains spectacles. C'est une façon honnête et permise de toucher — sinon de goûter — au fruit défendu. Les honnêtes femmes sont curieuses : celles de la province veulent toutes aller dans un bal public, quand elles viennent à Paris, et après le premier moment de dégoût instinctif pour les danses lascives de ces dames, on ne peut plus les en arracher. Les plus prudes y passeraient la nuit... à regarder.

CXXXVI

Les hommes d'Etat, véritablement dignes de ce nom, au lieu de produire un remous, créent un courant.

CXXXVII

Le vrai moyen de bien faire en temps opportun, quand on le peut, est peut-être de n'avoir pas de principe arrêté, de principe absolu en quoi que ce soit, d'avance, tant qu'on n'a pas eu l'occasion d'appliquer la théorie à la pratique.

CXXXVIII

On fait souvent bon marché de l'intérêt d'autrui, mais on devient âpre quand il s'agit de son propre intérêt.

CXXXIX

- Certaines expressions sévissent parfois, comme des fléaux épidémiques, dans la littérature ou dans le journalisme (ce qui n'est pas toujours la même chose). Ainsi, à un certain moment, on ne pouvait ouvrir un journal sans trouver à tout bout d'article : « *Combattre le bon combat,* » mot emprunté à l'Ecriture. — C'est doublement abuser de l'*écriture* que d'employer encore cette expression, tellement on en a usé dans les derniers temps. On l'a usée,

CXXXX

- BALZAC. — Comparez le passage de l'Oraison funèbre de Bossuet, parlant de Cromwell : « Un homme s'est rencontré d'une profondeur d'esprit incroyable,... capable de tout entreprendre et de tout cacher, etc., etc., » — comparez, dis-je, ce morceau avec le début de l'*Histoire des Treize,* et dites de quel côté est l'originalité. Ce sont presque les mêmes termes, la même solennité de ton et de forme : la hauteur de vue, la gravité s'y retrouvent. Seulement ce qui a sa raison d'être pour la grande figure de Cromwell, n'a pas sa raison d'être pour l'*Histoire des Treize*. Il y a disproportion.

Balzac, disait Préault, a peint les portiers à la fresque, et les héros en miniature.

CXLI

Ceux qui se vantent de faire le bonheur de l'humanité ne connaissent pas l'humanité. Elle se compose en grande partie de malades, de nerveux et de *pointus*.

CXLII

Dans la lutte des idées, le pot de terre ne doit pas avoir peur du pot de fer.

CXLIII

Les grands esprits vous attirent en haut : les esprits médiocres ou vulgaires, au contraire, font tous leurs efforts pour vous clouer à terre avec eux. — Ils s'ingénient comme les paysans à frapper sur une pelle pour arrêter, avec ce bruit assourdissant, un essaim d'abeilles qui plane au-dessus de leurs têtes, et le faire descendre. — L'égalité n'est possible qu'en haut. — Elle répugne avec des natures inférieures.

CXLIV

On m'a enseigné, au collége, tout ce qu'il fallait pour ne pas gagner ma vie.

CXLV

Pour juger les autres, il faut savoir sortir de soi-même.

CXLVI

Oui, la Révolution a commis des crimes, mais la nature en commet tous les jours.

CXLVII

Je comprends très bien Proudhon bourru et répondant à M. Danjou qui lui disait : « Nous avons des idées communes... » — « Qu'est-ce que cela me fait? » L'homme pense, en effet, pour lui tout d'abord, et quand il est convaincu de ses propres vérités, que lui importe le nombre de prosélytes? — S'il n'est pas charlatan, il ne tient pas à en faire. — Une vérité découverte (ou ce qu'il croit tel) n'a pas besoin d'approbateurs. Elle est la *vérité*, et cela suffit. — Mais toutes les *vérités* vieillissent, et sont remplacées par d'autres. Ce qui rend sceptique.

CXLVIII

Les pires diffamateurs, pour moi, ne sont pas ceux qui vous insultent dans un journal à leurs risques et périls, mais les avocats qui profitent de leur impunité pour vous insulter en pleine audience.

CXLIX

Il y a des gens qui ne se permettraient pas d'interpréter la Loi... à leur préjudice.

CL

Certains compilateurs font, je crois, exprès d'écrire mal pour avoir le plaisir ensuite de confondre l'ignorance de ceux qui n'ont pas eu le courage de les lire jusqu'au bout.

CLI

Il y a une tendance dans l'humanité qui est de déplacer les fortunes par des moyens *philoutechniques*.

CLII

Notre illusion est de croire qu'une étoile nous regarde, quand nous la regardons. L'étoile est vue de tout le monde, mais elle ne regarde aucun de nous en particulier. Ainsi des grands, des princes, des *princesses de la rampe*, et de tous ceux qui détiennent le pouvoir et fixent l'attention publique, en République comme en monarchie.

CLIII

Entre ceux qui pâtissent et ceux qui jouissent, il n'y a pas d'égalité possible.

CLIV

En matière de gouvernement, il y a plus d'un *âne* qui professe encore l'indifférence des gouvernés en matière de gouvernants.

CLV

Le roman de Daudet, *les Rois en exil*, est écrit en style Grévin. C'est du dernier *chic*, fort spirituel et très amusant, tout à fait en français moderne, de la dernière heure. Mais cela manque d'émotion, et en général toute cette littérature impressionniste du moment manque de flamme, d'éloquence et de chaleur. — Ce que madame Sand avait peut-être en trop.

*
* *

Le naturalisme aura beau faire, il ne créera jamais rien d'aussi émouvant que les légendes de *Geneviève de Brabant*, de *Joseph vendu par ses frères*, de *Guillaume Tell*, et que le roman de *Paul et Virginie*.

CLVI

L'homme sage est celui qui ne conserve aucune illusion.

CLVII

On devient un homme sage quand l'expérience a passé par là, mais on ne saurait naître un homme sage. Il n'y a pas plus de science innée que de science infuse.

CLVIII

La politique, considérée à un point de vue philosophique, est la vraie science des hommes. Mais il ne faut pas en faire une science doctrinaire et purement théorique. Il faut savoir ce que vaut l'humanité en général et chaque homme en particulier. Susceptible de toutes les passions bonnes ou mauvaises. N'importe l'homme parfois — et sa valeur morale — s'il a cette science humaine, que les bons, les meilleurs, les honnêtes gens, les hommes parfaits, droits et intègres ne possèdent pas toujours.

Les optimistes nient les vices qu'ils ignorent. Les parlementaires, pris en général dans la classe saine de la bourgeoisie où ne fleurissent pas les fleurs du mal connues d'en haut et d'en bas, se voilent volontiers la face quand on leur raconte certains traits de la vie privée, qui font peu d'honneur (j'en conviens) à l'humanité. Ils ne veulent pas y croire, leur prud'homie se révolte, ils crient à l'invraisemblance. C'est qu'ils ne sont pas philosophes et ne veulent pas voir la vie et l'humanité comme elles sont. Cette philosophie, qui est la connaissance *intus et in cute* de la nature humaine, est cependant nécessaire dans l'art de gouverner. Elle rend à la fois indulgent, sceptique et pratique. Elle apprend à discerner, à voir clair. — Après cela, les Morny méprisent trop l'espèce. Les gens de police sont trop portés à ne voir que des fripons partout, comme certains médecins qui voient en tout sujet des malades de leur spécialité. Avec des tendances un peu moins pessimistes, — et en sachant les appliquer à propos, — on rentre dans le vrai de la nature humaine.

CLIX

Les amoureux posthumes de Marie-Antoinette ont tous le regret de n'avoir pas couché avec la reine.

Leur dévouement aurait été jusque-là. Ce ne sont
pas des chevaliers du brassard, mais du cuissard.
Ils auraient fait volontiers cocu Louis XVI, tout en
se faisant tuer pour Sa Majesté. C'est le plus bel
hommage que de tout temps les disciples aient rendu
à un maître, les sujets à un roi. Ceux-ci y étaient
d'autant plus portés que Louis XVI, barré et bridé
par la nature, fut longtemps à se décider avant d'ac-
complir ses devoirs conjugaux. Or, en ce cas-là,
comme dans *la Sensitive* de Labiche, vos meilleurs
amis sont toujours prêts à venir à la rescousse.

CLX

La vieillesse doit nous réconcilier avec la mort.

CLXI

Il y a des gens qui non-seulement ne sont recon-
naissants de rien, mais qui finissent même par vous
en vouloir du bien qu'on a pu leur faire.

CLXII

On remercie la Providence, quand on en est content;
— dans le cas contraire, on garde l'argent, l'encens
et le remerciement. — Dans mon pays, les mendiants,
à qui l'on refuse l'aumône, même quand ils vous ont

récité le *Pater*, entrecoupé de mots patois, disent dans l'idiome local :

— Encore un *pater* de f...

CLXIII

Il ne faut pas introduire les *petites gens* chez soi, parce qu'ils deviennent jaloux de ce que vous possédez.

CLXIV

La peur d'en trop faire fait qu'on n'en fait jamais assez.

CLXV

On a beaucoup de peine à faire triompher le bon sens, et l'on n'y réussit pas toujours.

CLXVI

Les gens d'esprit, bien élevés, en face de la sottise, font contre mauvaise fortune bon cœur.

CLXVII

La morale elle-même marche à progrès lents, et non pas selon une loi fatale et comme providentielle.

C'est-à-dire qu'elle peut être enrayée selon les époques, et prendre l'empreinte des hommes dominants. Napoléon III avait bien imposé ses moustaches à son temps.

CLXVIII

Tous les gouvernements, même les mieux établis, ont toujours l'abîme au-dessous d'eux comme les plus forts navires.

CLXIX

Il faut voir les choses non pas telles qu'on voudrait qu'elles fussent, mais telles qu'elles sont.

CLXX

Être mort, ce n'est un malheur que pour ceux qui vous survivent.

CLXXI

Ceux qui font l'histoire ne l'écrivent pas.

CLXXII

Il est toujours dangereux de heurter violemment du coude une parcelle de l'opinion, quelle qu'elle soit.

CLXXIII

Il y a l'abus du bon sens, comme il y a l'abus de
l'esprit.

CLXXIV

Il n'est pas de haute et noble école de littérature
sans poésie : la poésie, c'est la vraie source de l'art.
Le fleuve, plus bas, peut s'épandre en mille caprices,
mais le réservoir fécond et inépuisable est tout en
haut.

CLXXV

Les gens qui vous ont vu à l'état de *rapin* ne vous
le pardonnent jamais ; et deviendriez-vous célèbre et
tout-puissant comme Ruy Blas, — cet autre Gil
Blas, mais à aspirations plus hautes, — qu'il se trouverait toujours quelque don Salluste pour vous rappeler le temps où vous étiez... copiste.

CLXXVI

Défiez-vous en politique des gens à qui vous avez
fait une confidence, et qui ont refusé d'entrer dans
vos vues. Don Salluste est dans le vrai de la raison
d'État quand il veut faire disparaître Don César.

CLXXVII

Dans un petit volume, intitulé : *Notes historiques
sur la vie morale, politique et militaire du général
Hoche*, par le citoyen Privat, un de ses aides de
camp (Metz, an VI), — je trouve le jugement suivant
sur l'humanité (pages 16 et 17) :

« O vous qui fûtes les témoins de ses vertus fami-
lières ! vous ne perdrez pas le souvenir de ce jour où,
sorti comme d'un tombeau, Hoche revenait des
cachots de l'Abbaye. Un ordre infâme, lancé sur le
rapport d'un *imbécile* (le nommé Jardin), l'y retenait
depuis trois mois. Pâle, défiguré, dénué de tout, il
arrive dans la caserne, il est accueilli avec les trans-
ports de l'attendrissement ; ses nombreux camarades
entourent et pressent le prisonnier qui, plus fier de
son innocence que de la liberté qu'on vient de lui
rendre, ne fait entendre que ces paroles proférées
avec l'accent de l'indifférence et de la générosité :
« Que voulez-vous, mes amis ? ne vous ai-je pas
dit cent fois que l'espèce humaine ne valait pas
un f..... ? »

CLXXVIII

Les premiers coupables, dans l'affaire de la Commune de 1871, sont ceux qui l'ont laissé faire (du
22 janvier au 18 mars). On laissa, dans cet intervalle
de près de deux mois, tout préparer, tout mijoter.

Le Comité central affichait ses provocations, ses appels aux armes ; le drapeau rouge était arboré à la Colonne de Juillet ; les canons, braqués sur Paris du haut de Montmartre. — Lorsque l'insurrection éclata le 18 mars, par suite de la proclamation tardive et provocatrice de M. Thiers, le gouvernement, comme pour mieux faciliter l'explosion, donna ordre à tous ses agents de quitter Paris. — Le peuple de Paris se laissa prendre dans cette souricière.

CLXXIX

« Pour les femmes, il n'y a pas de chef-d'œuvre qui vaille une belle heure d'amour. »

(Arsène Houssaye).

CLXXX

Quand je vois un bel édifice dans un quartier solitaire de petite ville, je pense, malgré moi, que quelqu'un l'a déposé là provisoirement, en passant, pour le reprendre au retour, mais qu'il n'est pas à sa vraie place. Je ne comprends pas la beauté des monuments sans la vie qui les entoure, et qui se communique (pour ainsi dire) à eux. La verdure seule n'y suffit pas, il y faut la vue d'une population active, sympathique, — sans quoi je me crois seul de vivant dans un cimetière. — J'ai éprouvé cette impression à Gênes. — Ma mélancolie s'accroît de la vue d'un

Palais inhabité, devenu par la force des choses le château de la Belle au bois dormant, — et qui ne se réveillera pas. — Au contraire, dans les rues et ruelles ouvrières des petits quartiers, la vie renaît : tout est à sa place dans ce cadre étroit et pittoresque disposé pour le travail : j'y comprends la vie et la force de la Commune au moyen âge.

CLXXXI

Les rois se font un tel jeu de la vie des peuples qu'il n'est pas étonnant que les peuples se fassent un jeu de la vie des rois. Quand on massacre les populations, qu'on les décime, qu'on les déporte, qu'on en dispose tout à fait comme le berger dispose du troupeau, on doit s'attendre à d'atroces représailles. Les rois n'ont pas besoin de conspirer pour envoyer les peuples à la boucherie : ils n'ont qu'un mot à dire. Les esclaves sont bien forcés d'user de ruse, et la lâcheté n'est pas toujours de leur côté.

CLXXXII

Le pouvoir rend réactionnaire, absolument comme toute irrégulière, mariée, devient *rigoriste* et impitoyable pour celles qui ne sont pas dans la règle.

CLXXXIII

Il n'y a pas longtemps, est mort un grand vieillard, bien connu de tout Paris (comme on dit), vrai type de badauderie parisienne. On l'appelait Milbert : son père avait navigué et flané autour de la baie d'Hudson : lui avait borné ses voyages de circonnavigation autour des célébrités parisiennes. La Bruyère en eût fait le type de l'homme-anecdote : il était intarissable : il avait connu tout le monde, et quand on lui disait d'écrire ce qu'il racontait, il répondait qu'il ne savait par où commencer. Il aurait pu ajouter : « ni par où finir. » On ne pouvait passer avec lui dans la rue de Fleurus ou dans la rue du Bac, sans qu'il vous arrêtât à toutes les portes, pour vous dire : « un tel ou madame X. a demeuré là. » Il s'agissait toujours d'un nom célèbre. — On n'était pas plus bavard que M. Milbert, mais il y avait toujours profit à l'entendre. Il racontait souvent des histoires intéressantes. Dans sa jeunesse, il avait été fort lié avec un abbé de Cherval, qui avait beaucoup connu M. de Talleyrand : ils avaient même fait leurs farces ensemble. Cet abbé de Cherval racontait que, quelquefois, le vendredi, le futur évêque d'Autun et lui s'échappaient du séminaire, et qu'ils allaient souper en partie fine chez un rôtisseur de la rue Mazarine. — L'abbé de Cherval avait dit sa première messe à Saint-Sulpice, et elle avait été servie par un enfant de chœur, qui s'appelait la comtesse de Rochechouart. La Révolution lui fit perdre plus de 80 mille livres

de bénéfices ecclésiastiques. C'étaient les revenus de
ses abbayes : (ce titre d'abbé n'a plus le sens qu'il
avait sous l'ancien régime : aujourd'hui c'est presque
une ironie que de dire à un prêtre : « M. l'abbé ; »
avant la Révolution, il comportait nécessairement
des abbayes). — L'abbé de Cherval était resté à
Paris pendant la tourmente révolutionnaire ; et
déguisé en sans-culotte, il s'était mis bravement du
parti de la reine : il était des chevaliers du brassard,
qui conspiraient pour la délivrer. Je ne sais s'il calom-
niait ou flattait le père Duchesne, mais il racontait
à M. Milbert, dans sa vieillesse, que lui et ses
complices avaient essayé de corrompre Hébert avec
de l'argent. Celui-ci leur avait répondu : « Que
voulez-vous que je fasse de votre argent ? est-ce
que nous n'en avons pas eu à notre disposition
tant que nous en avons voulu lors des massacres
de septembre ? mais cette femme me plaît, ajoutait-il, parlant de Marie-Antoinette ; je ne demande
pas mieux que vous réussissiez... » Le complot
échoua, et l'abbé de Cherval se trouva compromis.
Le père Duchesne ne fut pas le dernier à le dénoncer
pour éloigner de lui tout soupçon de connivence.
L'abbé passa dès lors à l'émigration. Il mourut peu
après 1830, à plus de 80 ans ; M. Milbert le rencontrait
quelquefois autour de l'Odéon, et c'est là qu'il lui
racontait ses souvenirs.

Sainte-Beuve a mis à profit quelques détails four-
nis par M. Milbert dans les articles sur Talleyrand
qu'il a publiés dans *le Temps*, peu de mois avant sa
mort en 1869.

Il paraît que le jour de la messe de la Fédération, au Champ de Mars, un coup de vent faillit emporter l'hostie, au moment où l'évêque d'Autun l'élevait au-dessus de sa tête. « J'ai vu le moment, disait après la cérémonie l'abominable prélat, où elle allait f..... le camp. »

CLXXXIV

Ce Milbert, grand, bel homme, bien fait, — bien venu des dames, — très complaisant surtout, gentleman à sa façon dans sa jeunesse, admirateur passionné de l'ancienne Comédie française, où il avait ses grandes et petites entrées, avait été l'ami, le familier, le complaisant toujours prêt et dévoué de mademoiselle Rachel. — Il faut dire, tout de suite, à son honneur, que s'il avait bien voulu être le favori de ces dames, il avait refusé le mariage que lui offrait l'une d'elles (mademoiselle L...), qui voulait, à toute force, partager avec lui sa fortune et son château. « Epouse-moi, » lui disait-elle en zézayant un peu ; il avait mieux aimé rester pauvre. Il ne parlait jamais de mademoiselle Rachel qu'en ajoutant avec un soupir sincère : « pauvre fille, » et voici l'anecdote charmante que Sainte-Beuve lui faisait raconter tous les samedis, quand il y avait un nouveau convive à la maison.

Un jour, à une représentation de *Bajazet*, le 27 mars 1839, au milieu des applaudissements una-nimes qui éclataient de toute part, dans la salle du Théâtre-Français, la grande artiste fut sifflée. Le coup partait d'en haut. Le parterre et l'orchestre furieux levaient les poings. Une avalanche de cartes de visite était lancée du *paradis* par une main qui narguait les menaces. M. Milbert ne fut pas le dernier à aller à la recherche du coupable, qui avait soulevé tout cet orage, mais déjà l'insolent avait été mis à la porte. A quelques jours de là, M. Milbert apprit chez un pharmacien bien connu du quartier Saint-Honoré qu'un officier de spahis, tout nouvellement débarqué d'Afrique, s'était vanté d'avoir sifflé Rachel, non qu'il eût rien contre l'actrice, mais justement parce qu'il n'entendait pas, qu'on n'avait pu lui donner qu'une mauvaise place, au *paradis*, et que là, agacé des applaudissements qu'il ne pouvait comprendre, il avait sifflé de dépit et de colère. « J'ai remarqué, ajoutait-il, un homme qui avait l'air de courir après moi de balcon en balcon, et j'aurais même été à sa rencontre, si l'on ne m'avait prié de sortir, pour faire cesser le vacarme. » Heureux de mettre enfin la main sur celui qu'il cherchait, M. Milbert lui fit demander un rendez-vous. Les explications furent courtes : le cavalier servant de mademoiselle Rachel représenta tout d'abord à son adversaire qu'il avait fait beaucoup de peine à une grande artiste, — femme de la plus haute distinction, — qui n'était pas accoutumée à de pareils procédés. Il y mit tant de conviction que l'officier de spahis, touché de ces paroles, et voyant qu'il avait affaire à un brave homme, offrit de réparer lui-même ses torts et d'apporter ses excuses à mademoiselle Rachel. M. Milbert demanda le temps de consulter la tragé-

dienne, qui consentit à recevoir l'officier. Celui-ci
endossa son plus brillant uniforme pour la circonstance et se rendit avec M. Milbert au domicile de
l'artiste. A peine entré, il tomba à ses pieds, tira un
poignard de sa ceinture et le lui tendit, en disant :
« Madame, vengez-vous. » La réconciliation était
faite. Elle le releva et M. Milbert n'avait plus qu'à se
retirer, heureux d'avoir mené à si bonne fin toute
cette histoire.

Le héros de cette aventure de jeunesse est le
général Charles de V...., pourvu d'un commandement
militaire après la Commune, et dont les journaux ont
récemment annoncé la mort (1881).

CLXXXV

Autre, du même :

Une célèbre actrice de la Comédie française était
royaliste. Louis XVIII désira la connaître. La rencontre eut lieu dans l'embrasure d'une des grandes
fenêtres du Louvre. Le roi était en jupons. Pendant
une demi-heure, l'artiste, assise familièrement sur
ses genoux, s'efforça d'animer l'entretien, après quoi
Sa Majesté prit congé d'elle en ces termes : « Allons,
mon enfant, il n'est si bonne compagnie qui ne se
quitte, comme disait Dagobert à ses chiens. » Sur
quoi ayant fait son cadeau, Louis XVIII se retira
lentement, royalement.

CLXXXVI

Voici encore une anecdote qu'on tenait de M. Milbert, qui avait été, dans sa jeunesse, secrétaire de
M. de Peyronnet.

Louis XVIII avait ses *mercredis*, jour où il ne
recevait que sa maîtresse, la célèbre Mlle du Cayla, si
corrompue dès l'enfance qu'on avait dû la chasser,
toute jeune, de son pensionnat. La veille du jour où
le roi prenait ses ébats, il avait coutume de dire aux
ministres et conseillers : « Messieurs, demain, *le roi
s'amuse...* » (Le mot est historique). Il eut un jour,
dans ces moments-là, une syncope pendant laquelle
Mlle du Cayla sortit tout effrayée, criant : *le roi est
mort.* Elle ne s'apercevait même pas, dans son trouble,
qu'elle était complétement nue. A la suite de cet
accident, le roi dut enrayer. On lui dit que Mlle du
Cayla lui était envoyée par les jésuites pour le tuer. —
Mais pendant cette phase de jeûne et d'abstinence,
ayant entendu un jour comme un froufrou de soie à
la porte de son cabinet, il s'écria : « C'est toi,
Zoé?.... » C'était M. de Peyronnet, qui passait
en simarre. On lui donna désormais, à la Cour, le
surnom de *Cru-Zoé.*

CLXXXVII

Sur la fin de l'empire, le jeune vicomte O... se
trouvait avec son père à Alexandrie en Egypte ; ils

étaient logés à l'hôtel Ismaïl-Pacha, sur la place des
Consuls, où descendent tous les voyageurs de distinction. Le père d'H..., qui est un galant homme et
fort poli, pria un jour à dîner avec eux, à table d'hôte
— et tout en s'excusant de ne pouvoir mieux les
recevoir — le marquis de B... et M. D..., attaché
au consulat de France à Alexandrie, qui avaient bien
voulu, l'un et l'autre, servir de *cicerone* à ces
messieurs. Pendant le dîner, une dame italienne, vêtue
d'une façon tant soit peu excentrique, vint s'asseoir en
face d'eux à table : elle avait des camélias dans ses
cheveux. Cette fleur n'était, à ce qu'il paraît, ni de
saison ni de mode. Le jeune O..., qui a de l'esprit,
se mit à faire tout haut des allusions imper-
tinentes sur cette coiffure. Personne n'y répondait, et il se croyait encouragé par ce silence même.
A la fin, la pauvre femme, qui se trouvait toute
seule, n'y tenant plus et ne se sentant pas de défen-
seur, perdit contenance et se mit à pleurer. Elle
allait même se retirer de table, sans achever de dîner,
pendant que ces messieurs en étaient déjà au champagne ; mais à ce moment, le père d'H... se précipita
au-devant d'elle, lui offrit son bras et la conduisit au
salon, qui, dans cet hôtel d'architecture orientale,
est une pièce formant saillie sur la rue. Il ne la quitta
qu'après avoir pris le café avec elle, et que le salon
se fût peu à peu rempli, afin qu'elle parût moins
isolée au milieu de cette foule d'indifférents et d'étran-
gers. Il revint alors rejoindre ces messieurs à table,
et s'excusa en disant : « Pardon, messieurs, de m'être
éloigné un instant : cette dame manquait de cava-

lier, j'ai cru devoir lui en servir. » — Le jeune
vicomte, son fils, était, comme on dit, dans *ses petits
souliers.*

CLXXXVIII

Le goût des anecdotes me vient de Sainte-Beuve.
En voici une qu'on me raconte sur Félix Pyat.

Félix Pyat connaissait un tailleur à la mode et
démocrate, nommé Zanc, et qui était aussi, si je ne
me trompe, celui dont Gavarni enviait et dessinait
même parfois la coupe d'habits. Pyat avait fait
prendre à M. Zanc une action de cinq cents francs
dans un journal qu'il venait de fonder, et où lui-
même avait mis tout son patrimoine. Le tailleur ne
voulait pas tout d'abord prendre l'action que lui
proposait Pyat, alléguant qu'il emploierait mieux
ses cinq cents francs à acheter du drap. Il s'était à
la fin laissé persuader par l'honnêteté et la conviction de Pyat qui croyait sincèrement au succès de
son journal. Malheureusement le journal tomba, et
son fondateur ne sauva rien de l'argent qu'il y avait
mis : mais il tint à honneur de rembourser à
M. Zanc les cinq cents francs, ne voulant pas s'accuser de les lui avoir fait perdre. — A quelque temps
de là, on allait jouer une pièce de Pyat à l'Odéon :
M. Zanc le rencontra dans une tenue médiocre aux
yeux d'un tailleur, et lui en fit honte : « Ecoutez,
lui dit Pyat, je vous enverrai une loge pour l'Odéon :

si ma pièce réussit, vous me ferez un beau vêtement ; si elle tombe, j'irai au Temple m'acheter une veste... »

* *

Mot de Félix Pyat : « Le romantisme nous a été apporté dans les fourgons de l'invasion, avec les Cosaques [1]. »

Je tiens ce mot de Préault, qui avait été longtemps l'ami de Pyat, et qui n'avait pas cessé de l'aimer, même pendant la Commune.

CLXXXIX

On corrigeait chez Michel Lévy les épreuves des *Lettres à une inconnue*, par Mérimée. Noël Parfait me dit à un certain passage, qui avait été mal copié : « Connaissez-vous le grec? » — « Pas assez, répondis-je, pour rectifier du Mérimée qui était un maître helléniste. » — « Alors, je montrerai le pas-

1. Catholicisme et royalisme à part (et la suite, et la fin surtout, ont bien prouvé que ce n'étaient là que des décors), il faut bien reconnaître que le romantisme a remis du sang dans les veines à une langue qui s'en allait. Il a rajeuni le drame moderne, — et Félix Pyat est un des pères et des maîtres du drame ; mais son tempérament bien *français*, l'amour exclusif du sol et du terroir national se dénotent dans ce mot d'un fils de France — et de la vieille France centrale. — Vierzon et Chinon se touchent la main et trinquent à Vouvray, et le caillou de la Loire ne doit rien au Rhin.

sage à Barthélemy-Saint-Hilaire et à M. Littré à la
Chambre (La Chambre était encore à Versailles).

Le lendemain, Noël Parfait rapportait l'épreuve
non corrigée. Ces messieurs avaient bien vu qu'il y
avait barbarisme et solécisme, mais ils n'avaient rien
pu mettre à la place. J'allai trouver, l'épreuve en
main, un brave homme du nom de Pantasidès, avec
lequel Sainte-Beuve avait lu, relu, annoté Homère,
Thucydide et tous les poëtes de l'Anthologie. Il faisait sa partie de dominos au café d'Alençon, en face
la gare Montparnasse. — « Connaissez-vous cela ?
lui dis-je en lui montrant l'épreuve. » — « Oui, me
répondit-il, seulement on a mal copié ; c'est Μολὼν
λαϐέ et non pas comme on a écrit. Cela veut dire :
Viens les prendre. Mot à mot c'est : *étant venu prends*
(il est sous-entendu *les*, c'est-à-dire *les armes*). C'est
la fameuse réponse de Léonidas à Xerxès, dans le
dialecte dorien. »

On peut voir la citation rectifiée au tome I des
Lettres à une inconnue, page 92, lettre XXVIII (novembre 1842).

Jamais Sainte-Beuve n'a pu obtenir pour Pantasidès la moindre petite place de répétiteur dans
l'Université, soit à l'Ecole normale où il aurait été
si utile, soit ailleurs.

CXC

Ceux dont le goût est de lire des romans (et il faut
bien que ce soit le mien) auront été frappés sans

doute comme moi de l'identité de certaines situa-
tions raffinées et scabreuses qui se retrouvent à des
époques analogues, sous des plumes diamétralement
opposées et même hostiles (Achard et Malot, par
exemple), auxquelles il aurait certainement répugné
de paraître s'inspirer les unes des autres, si elles
avaient cru se rencontrer. Mais c'est qu'il règne des
courants en littérature comme en toute chose : la
demi-vertu est à la mode en ce moment. C'est un
moyen commode pour sauvegarder la vertu com-
plète, et cela sert aussi à merveille pour prolonger
une histoire d'amour. Les romanciers du jour le
savent bien et usent immodérément de cette pratique
depuis quelque temps. La morale à la fois prude et
relâchée de notre époque peut tolérer à huis-clos les
rapprochements les plus passionnés, à condition
qu'ils resteront voilés : l'*honneur* — ou ce que
Gavarni appelle ainsi dans ses costumes féminins de
carnaval — Théophile Gautier dit la *modestie* dans
Une larme du diable — l'*honneur*, dis-je, ainsi entendu, exige qu'on n'aille pas au delà de longs bai-
sers, d'enlacements, de serrements de bras. Des cris
d'enfant, *Maman ! maman !* arrivent toujours à point
pour rappeler la demi-pécheresse au devoir, et le
rideau, qui ne s'est presque pas soulevé, retombe
avant la fin de l'acte. Le lecteur n'a fait qu'entrevoir
l'appareil du sacrifice, mais il n'en reste que plus
affriandé pour la suite. A la fin, quand la vertu suc-
combe, elle a la satisfaction de se dire au moins
qu'elle ne s'est pas rendue sans combat. C'est le système du *bec dans l'eau* en feuilleton et en amour.

C'est un progrès peut-être, après tout, que de pouvoir pousser ainsi la passion à un très vif degré sans la satisfaire, et de sauver d'un même coup l'honneur, le devoir et *la suite au prochain numéro*.

Dans les romans d'autrefois, l'étincelle n'attendait pas si longtemps le coup de foudre, et le remords n'arrivait pas toujours ainsi à propos et à temps, avant l'acte irréparable... mais aujourd'hui nous avons changé tout cela, et le cœur aussi est probablement à droite.

Après tout, c'est une manière comme une autre de retourner à la vertu par des moyens détournés : on a tellement abusé de tout, et du poignard, et du poison, et de l'adultère à outrance, que les romanciers dans l'embarras, à l'exemple des mineurs de la Californie qui abandonnent les placers épuisés, désirent en trouver que l'exploitation n'ait pas encore fouillés. Et comme la passion est toujours nécessaire dans un roman, on en revient à l'école du bon sens : cette école d'amour et de mysticisme mitigé, avec beaucoup de *prenez-y garde* et un peu plus de matérialité cependant, est celle de madame Roland, le type et le modèle des Lucrèces modernes : elle aimait Buzot en tout bien tout honneur, et ne craignit pas d'en faire l'aveu à son mari. On ne sait s'il n'eût pas été moins cruel pour lui d'apprendre, avec les mêmes ménagements, qu'il était trompé tout à fait. — Mais madame Roland s'était, du moins, déchargé la conscience. — Allons ! décidément avec les inventions modernes, le vieux mot de Rabelais et de Molière n'a pas plus désormais sa raison d'être que

la farce des matassins courant après M. de Pour-
ceaugnac. Il faut en prendre son parti, mais si nous
sommes plus hypocrites, en sommes-nous plus vertueux ? — Et n'y a-t-il pas quelquefois double
profit ou double plaisir à faire la part du feu ?
(1873).

CXCI

Les romanciers, dans ces derniers temps, ont
découvert une nouvelle corde. Après l'adultère de la
femme, l'adultère de l'homme. Claretie et Daudet
viennent de le traiter, à grand orchestre, dans deux
romans retentissants et d'une analogie frappante :
c'est qu'il y a des idées dans l'air, comme le dit
Claretie dans sa dédicace à Daudet. — Les romanciers vont se mettre maintenant à dauber sur le
mari. Grand bien leur fasse ! Tout cela nous paraît
aussi loin de la réalité *vraie* que le fameux *tue-la*
d'Alexandre Dumas fils. Certes, M. le ministre, qu'il
s'appelle Numa Roumestan ou Vaudrey, tous les
deux sont bien coupables ; mais l'épouse fait-elle
assez la part du feu — ou du naufrage auquel la
vertu d'un homme, dans cette position, est exposée ?
A toutes ces Lucrèces provinciales et bourgeoises, je
préfère la sage Pénélope attendant patiemment
qu'Ulysse en ait fini avec Calypso.

CXCII

J'ai connu un véritable philosophe... et pratique (car à quoi sert la philosophie, si l'on n'en a que sur le papier?) C'était un employé, à qui ses appointements et une petite fortune, qui lui venait d'héritage, suffisaient pour vivre. A la loterie de la dernière Exposition, il prit des billets comme tout le monde, pour encourager la République. Un de ces billets gagna vingt mille francs. Mon ami ne dit rien à personne ; mais il alla trouver un brave homme de son voisinage, qui avait deux filles charmantes : « Etes-vous riche ? lui dit-il. — Non, mais pourquoi me demandez-vous cela ? Je travaille ; mes deux filles travaillent ; nous travaillons tous à la maison : nous n'envions rien... — Il ne s'agit pas de cela, reprit mon ami ; mais vous me rendriez bien service d'accepter ce que je vais vous offrir. Je me suis promis, il y a longtemps, de faire le bonheur d'un honnête homme dans la mesure de mes moyens, aussitôt que l'occasion s'en présenterait. Si je vous ai demandé si vous étiez riche, c'est parce que je me doute bien que vous ne l'êtes pas, et que vous me paraissez être dans les conditions de l'honnête homme que je cherche. »

L'autre se récria :

« Pas de fausse délicatesse, continua mon ami ; vous avez deux filles que vous ne pourrez pas marier, faute de dot. Elles sont aimables et distinguées toutes les deux ; mais il leur faudra encore au moins dix ans pour s'amasser quelque chose, et alors elles seront vieilles, ou du moins elle ne seront plus jeunes... »

Le père commençait à manifester quelque inquiétude. Il écoutait attentivement, ne comprenant pas où en voulait venir mon ami, le philosophe Cabrol. Il se hasarda timidement à dire :

« Vous êtes marié, et vraiment vous me parlez de mes filles...

— Comme si je voulais vous en demander une en mariage, n'est-ce pas ? c'est cela que vous voulez dire ? Je serais fort embarrassé si je n'étais pas marié, car je ne saurais laquelle choisir : toutes les deux me plaisent à la fois. Mais je voudrais... »

Et ici mon ami s'embarrassa véritablement et balbutia, comme s'il allait proposer une énormité à ce père :

« Tenez, dit-il, — tout en se sentant troublé et parlant bas, presque à l'oreille de l'homme (et un petit papier qui tremblait au bout de ses doigts dénotait toute son émotion), je viens de lire dans *le Petit Journal* que j'avais gagné vingt mille francs. Je n'en ai pas besoin, car j'ai assez pour vivre avec mes cinq ou six mille livres de revenus. Je n'ai encore parlé de cela à personne, mais j'ai pensé tout de suite à vous. Prenez ce billet, dit-il en le lui mettant subitement et comme de force dans la main ; oubliez que c'est moi qui vous l'ai donné... Je l'oublierai moi-même... Personne au monde ne le saura... »

Et il s'enfuit à grandes enjambées, sans laisser à son interlocuteur le temps de répondre.

Celui-ci était délicat ; il renvoya le billet par la poste.

Mon ami évitait, depuis ce moment, de le rencontrer, comme s'il avait une mauvaise action à se reprocher à son égard.

Je n'ai su, moi-même, cette aventure que par celui qui en avait été l'unique confident.

CXCIII

LE PÈRE BULOZ

Les habitudes d'enfants de chœur ne se perdent pas dans le clergé de campagne. Ces braves curés de village restent volontiers enfants toute leur vie. Témoin ce prêtre languedocien qui, tout en marmottant une messe basse, entendait pépier dans son sein un oiseau qu'il avait attrapé et qu'il y avait fourré en toute hâte en se rendant à l'église. « *Aou Sanctus t'espéré* [1], » disait-il tout bas. Et, en effet, arrivé à cet endroit de l'office où il avait des coups de poing à se donner sur la poitrine, il en profitait pour *faire taire* l'oiseau.

L'accueil quasi-unanime qu'on fit à la nouvelle de la mort de M. Buloz dans la presse, nous rappela cette anecdote *pironienne* du pays natal. On vit bien que

1. Au *Sanctus* je t'attends.

les journaux attendaient au *Sanctus* le fondateur et directeur de la *Revue des Deux Mondes*. Aussi ne le ménagea-t-on pas. Les coups de poing plurent comme grêle sur sa mémoire. Il fallait s'y attendre à l'égard d'un homme qui avait tenu si longtemps le sceptre ou plutôt la férule de dictateur dans les Lettres.

Comme toujours, une grande part d'injustice se mêlait à ces jugements dictés par la rancune ou le dépit, et trop légèrement acceptés par la galerie. Nous aimons mieux le jugement impartial et juste porté par M. Edmond Scherer (dans *le Temps* du 16 janvier 1877). Il faudrait le citer tout entier ; mais la vérité condensée est déjà dans ces quelques lignes que nous en extrayons et qui sont tout à fait l'expression de notre sentiment sur cette personnalité fruste mais toute puissante.

« M. Buloz a fondé la Revue la plus célèbre et la
« plus répandue que l'on ait encore vue. C'est déjà
« un mérite, on l'avouera, mais c'est un mérite qui
« en suppose beaucoup d'autres. L'éditeur de la
« *Revue des Deux Mondes* réunissait de rares quali-
« tés : il était fait pour l'œuvre qu'il avait entreprise ;
« il y apportait l'indomptable persévérance, l'exacti-
« tude minutieuse, le travail incessant, l'esprit des
« affaires, une sorte d'autorité qui s'imposait aux
« grands comme aux petits dans le monde des
« Lettres; enfin et surtout un tact qui n'était pas pré-
« cisément du goût, qui en était même quelquefois
« assez éloigné, mais qui distinguait à merveille ce
« qui devait ou ne devait pas réussir. Le jugement

6

« de M. Buloz en littérature n'était pas un jugement
« proprement littéraire, c'était un jugement indus-
« triel, un jugement très fin, d'ailleurs, et très sûr. »

Quant aux défauts, M. Scherer en fait la part et on
pourrait multiplier les anecdotes à l'appui des lignes
qui suivent et qui complètent on ne peut mieux le
portrait de l'homme :

« M. Buloz avait, comme nous tous, les défauts de
« ses qualités. La sévère économie qui a certaine-
« ment contribué au succès pécuniaire de la *Revue*,
« laissait trop peu de place à ces actes de généro-
« sité ou seulement d'intelligente initiative, qui sont
« bien aussi une habileté. Il s'était tellement identifié
« avec son œuvre, il avait tellement la passion de sa
« *Revue*, qu'il croyait volontiers toute la littérature
« française concentrée entre ses mains ; un auteur
« qui n'écrivait pas pour la rue Saint-Benoît n'exis-
« tait pas à ses yeux, ou plutôt c'était un ennemi
« secret dont on se vengeait en ne jamais pronon-
« çant son nom. Quant à ses collaborateurs, la dis-
« cipline à laquelle les soumettait M. Buloz dégéné-
« rait parfois en un despotisme d'autant plus malaisé
« à supporter, qu'il ne se justifiait pas toujours, au
« sentiment intime de ceux qui devaient le subir.
« M. Buloz, et c'était là le principal défaut de son
« caractère comme de sa *Revue*, préférait naturel-
« lement les voies unies aux voies nouvelles, la cor-
« rection à la verve, le ton capable à l'émotion per-
« sonnelle. Gustave Planche, c'est tout dire, resta
« toujours pour lui le modèle du critique. L'indivi-
« dualité lui était suspecte, sinon antipathique. Il

« avait fini par établir une forme d'article, avec in-
« troduction et divisions, qu'il imposait comme un
« moule à tous les travaux qu'on lui apportait.
« Telles étaient ses préoccupations d'uniformité
« qu'avec tout son tact d'industriel littéraire, il ne
« voyait pas l'ennui qui se dégageait parfois de ces
« manières de faire et le tort qu'une respectabilité si
« empesée faisait à sa *Revue*. »

Voilà ce qu'on peut dire et écrire de mieux, en
toute justice, sur ce rude Savoyard armé d'un bon
sens énorme, qui n'avait pas deux poids et deux
mesures dans sa balance, qui ne trouvait jamais aucun écrivain trop lourd, mais qui en a quelquefois
trouvé de trop légers. Parmi ces derniers, il en est
qui ont très bien su faire leur chemin ailleurs et sans
lui. Mais alors il ne leur pardonnait pas d'avoir
abandonné la *Revue* (comme il disait : — il n'y en
avait qu'une pour lui) et de n'avoir pas su entrer
dans ses propres moules, qu'il leur tenait tout grands
ouverts, et où il aurait voulu que tout le monde
passât. Il n'avait pas de préjugés sur les personnes,
ni de rancunes pour les anciens griefs, pourvu qu'on
allât à lui les mains pleines de présents pour la
Revue ; il ne fallait pas même lui être recommandé
pour lui faire recevoir un *bon* article. Pourvu qu'il
lui convînt, il le prenait. — En revanche, quand il
avait à se venger de quelqu'un qui probablement
l'avait dédaigné, il lui déniait tout talent : il nous a
dit un jour de sang-froid que Louis Blanc n'en avait
d'aucune espèce. Le secret de cette *rancune* était
peut-être dans ce que l'illustre exilé envoyait

alors de Londres des articles fort remarqués au *Temps*.

Un jour, un romancier avec qui il était brouillé fit paraître une nouvelle très fine et très amusante dans *la Presse* [1]; l'œuvre fut signalée à M. Buloz dans son entourage et par sa famille même. Le pauvre secrétaire de la *Revue*, M. de Mars, un être devenu passif à force de s'être plié à la tyrannie de son maître, porta la peine de ce *manquement* à la *Revue*. « Pourquoi n'avez-vous pas inséré la nouvelle de M. Champfleury ? — Mais, monsieur, elle n'a pas été présentée à la *Revue*. — Vous ne savez pas dénicher les bonnes choses ; je vous ai dit cent fois de relancer les auteurs chez eux... — Vous étiez brouillé avec celui-là. — Qu'est-ce que ça fait ? la *Revue* n'est brouillée avec personne... »

M. Buloz avait pour collaborateurs sa propre femme, madame Buloz, fille de ce spirituel provençal Castil-Blaze qui a arrangé le *Freyschutz* et le *Barbier de Séville* à la française, et s'en est fait pas mal de mille livres de rentes. Madame Buloz a un frère, M. Henry Blaze, très versé dans la littérature allemande et amateur passionné de la musique de Rossini. Il chasse en cela de race, sans tenir de son père le titre de baron de Bury, — une faiblesse commune à notre époque.

En 1869, nous voyions souvent M. Buloz, et il nous revient de ce temps-là une anecdote dans laquelle nous l'avons trouvé vraiment bonhomme

---

[1] *Les enfants du professeur Turck*, par M. CHAMPFLEURY.

et tout le contraire de la réputation qu'on lui a faite.

Un jeune écrivain d'Alsace, d'une nature enthousiaste et sympathique, M. Edouard Schuré, était venu demander à Sainte-Beuve un mot de recommandation pour le patron de la *Revue des Deux Mondes*, afin d'y placer quelques articles, sans dire qu'il en avait un en poche. Justement M. Buloz avait demandé quelques jours avant à Sainte-Beuve s'il ne connaîtrait pas un jeune homme capable de remplacer M. de Mars, qui venait de mourir. Sainte-Beuve fit part de cette proposition à M. Schuré, qui l'accepta. Bientôt après, nouvelle visite de M. Buloz, très embarrassé cette fois, à la petite maison de la rue Mont-Parnasse. Le critique des *Lundis,* malade et souffrant, était allé faire une courte promenade sur le boulevard voisin, pour se donner un peu d'exercice. « Est-ce que son secrétaire n'y est pas ? demanda M. Buloz. — Pardon ! il y est. — Dites-lui que je veux lui parler. » On fit monter M. Buloz dans le cabinet, et la conversation s'engagea ainsi avec M. Troubat.

— Sainte-Beuve m'a envoyé ces jours-ci un jeune homme, M. Edouard Schuré, qui m'a apporté un excellent article sur Richard Wagner ; c'est dommage, car je ne puis pas le mettre...

— Pourquoi ne pouvez-vous pas le mettre, puisque l'article est excellent ?

— La *Revue* ne peut pas insérer un article sur Wagner ; elle est trop *rossinienne* pour cela : mon beau-frère ne voudra jamais laisser passer cet article. Et c'est dommage, car il est bon...

— Mettez alors l'article avec des réserves de la *Revue* en tête dans une note.

— Mais pourquoi Sainte-Beuve m'a-t-il fait apporter un article sur Wagner? Est-ce qu'il donne aussi dans ce travers? Je ne sais pas ce qu'on a en France en ce moment : il y a *ce* Champfleury qui a fait aussi des articles sur Wagner; il avait commencé par Courbet : j'ai voulu l'avertir à temps, le remettre dans la bonne voie, il ne m'a pas écouté; je lui avais ouvert les portes de la *Revue* toutes grandes; il a préféré courir l'aventure, Wagner, Courbet...

— Monsieur Buloz, dis-je alors, Champfleury est mon ami, et je vous avouerai que j'ai tenu tête avec lui à l'orage qui a assailli le *Tannhauser* à l'Opéra. Quant à M. Sainte-Beuve, il ignorait que M. Schuré eût l'intention de vous proposer un article sur Wagner...

En ce moment le maître de céans rentrait un peu cahin-caha; on le mit au courant des perplexités de M. Buloz, à qui il en coûtait, somme toute, de sacrifier un bon article.

— Mettez-le donc, s'il est bon, dit Sainte-Beuve. Je ne serai pas fâché de le lire et de faire plus amplement connaissance avec Wagner, car jusqu'à présent nous n'en avons que des bribes et des morceaux...

Ces quelques paroles réconfortèrent M. Buloz.

— Vous avez raison, dit-il; je le mettrai; mais

afin de n'avoir pas de reproches de mon beau-
frère, qui m'empêcherait peut-être d'insérer la se-
conde partie dans le numéro suivant, je ferai passer
tout le travail de M. Schuré en une fois avec une
note en tête pour expliquer cette dérogation excep-
tionnelle aux principes de la *Revue*.

L'article parut, en effet, au complet, dans le numéro du 15 avril 1869.

CXCIV

Victor Hugo a bien choisi sa demeure dans les
environs de la barrière de l'Etoile. Après l'imposante
manifestation du 27 février 1881, devant sa maison,
on aime à se rappeler une conversation de Sainte-
Beuve avec son secrétaire, au lendemain de la reprise
d'*Hernani* en 1869.

Le secrétaire. — Supposez que l'empereur entre
par la barrière du Trône et que Victor Hugo fasse,
lui aussi, sa rentrée publique, le même jour et à la
même heure, par la barrière de l'Etoile.

Sainte-Beuve. — Oh ! vous verriez tout Paris à la
barrière de l'Etoile...

CXCV

Au Salon, devant le portrait de M. Thiers, par
Bonnat, Préault s'écrie : « un avoué romain... » puis,
il ajoute, en manière de correctif : « de première ins-
tance. »

CXCVI

La province est un microcosme où le jeu des passions humaines n'a pas le mirage troublant et sans cessé remuant, qui déplace tout, comme à Paris. On peut noter tous les jours à la même heure ce qui passe et ce qui se passe dans la petite ville : la vie y est une sorte de phénomène sous cloche, et à l'œil nu de l'observateur. Malheureusement l'art de bien voir, et d'en tirer une *création*, ne s'exerce bien qu'à Paris, quand on a fait et pris ses *études* en province. Les moralistes, ceux qui sont le mieux possédés de l'esprit de satire... et de clocher, déchiquètent leurs concitoyens à belles dents : mais tout ce qui se débite dans les bureaux de journaux ou au café ne s'écrit pas, et c'est dommage, car il s'y perd d'utiles documents humains, qui serviraient à la connaissance plus approfondie de l'espèce. Cette petite monnaie de l'esprit, qui se dépense sans compter, formerait à la fin de grosses sommes et de précieux renseignements pour chaque histoire locale.

⁎
⁎ ⁎

Dans les petites villes tout s'observe, la largeur des esprits s'y mesure sur l'étroitesse des rues, et plus celles-ci sont rapprochées et resserrées, plus la curiosité s'aiguise. Elle tourne à l'espionnage. Elle

entre dans les détails les plus répugnants, les plus
inférieurs, les plus bas : elle écoute par les cheminées ; il n'est pas de police mieux faite que celle qui
s'exerce entre voisins. Chacun sort, à la nuit, pour
savoir ce que l'autre a mangé, et il inspecte les tro-
gnons et autres résidus culinaires, déposés au coin
de la borne. Les malins du pays se font un jeu de
tout : comme certains mets passent encore pour indi-
quer des goûts dispendieux, quand on veut décréditer
quelqu'un, on met à sa porte des plumes de volaille
ou de gibier, voire des coquilles d'huîtres pendant
les mois des r, des carapaces de homard, etc. ; et
l'on y laisse une carte de visite, bien entendu celle
d'un autre. Cela crée des inimitiés entre les Capulets
et les Montaigus de l'endroit. De la rue des Gour-
naux à la rue des Goguenettes, on se jalouse, on se
déteste.

Les esprits nobles ou tout simplement élevés, qui
ne regardent jamais à terre, ne se doutent pas de ces
vilenies. Ils ont la tête naturellement tournée en
haut, ils vivent et respirent dans une atmosphère
supérieure.

CXCVII

Il n'y a pas qu'un seul Léo Taxil : ce rôle a
ses doublures. Le piquant, c'est que les plus intéressés et les plus prévenus s'y laissent toujours
prendre. Ainsi, sous un prétexte quelconque, muni
d'une lettre de recommandation qu'il fait des bas-
sesses pour se procurer, se glisse dans votre intimité

le Léo Taxil de bas étage : vous êtes étranger à la
ville, vous ne demandez pas mieux que d'y avoir un
ami : peu à peu, vous vous gênez d'autant moins
devant cet inconnu de la veille — vous qui êtes
quelqu'un — que vous n'avez rien à cacher de votre
façon de voir et de penser ; vous avez l'esprit de
Paris, il a l'esprit inquisiteur. Vous n'y prenez pas
garde, accoutumé que vous êtes à penser tout haut.
Vous agissez ou plutôt vous parlez en sa présence,
comme si vous deviez être amis pour l'éternité.
Vous ne vous défiez même plus d'un œil en dessous
et qui ne supporte pas le regard en face : par bonté
d'âme, vous l'excusez, vous le défendez même contre
ceux qui l'attaquent en mettant sur le compte de la
timidité ce que vous reconnaissez trop tard n'être
que de la sournoiserie hypocrite et méchante. Traître,
lâche, espion, il en a tous les symptômes, et l'on se
refuse à les voir... par amitié. Puis, un jour, il rompt
subitement avec vous, sans qu'on en soupçonne le
motif. Il vous quitte, et ne manque plus une occasion
de vous insulter par tous les petits moyens, mis à sa
portée. Il a évidemment surpris ce qu'il avait intérêt
à savoir, et il en abuse... il croit du moins vous
accabler par de mesquines et venimeuses insinua-
tions. Vraiment ceux qu'il sert ne sont pas difficiles.
Le plus froid dédain est encore la meilleure réponse à
faire à ces espèces qui foisonnent dans les petites
villes. Plus les rues sont courtes et étroites, plus la
calomnie grouille, et il n'est pas étonnant que la
race des Léo Taxil soit si nombreuse en province,
qu'on l'y foule aux pieds.

CXCVIII

Les récits et légendes les plus invraisemblables auront toujours plus de prise sur les masses que les lois éternelles du bon sens, de la vérité, de la science et de la justice. Ceux qui n'ont jamais attaché leur vie qu'à ces dernières, écartant tout le reste, n'ont jamais joui d'une grande popularité. En revanche, M. de Beaufort sera éternellement le *roi de Paris*.

CXCIX

C'est un grand mérite que de vieillir. On devient le camarade d'enfance... de personnages en place.

CC

Le philosophe n'a pas de bête noire.

CCI

Quand un homme a la gloire de donner forme et corps, le premier, à une idée, il est rare et il serait étonnant que d'autres ne l'aient pas eue en même temps que lui et même quelquefois plus tôt, sans la développer ou lui donner suite. Ainsi Colomb a eu des précurseurs, sans que son propre mérite à lui en soit rabaissé.

Une idée ne pousse pas plus dans un seul cerveau, qu'une plante rare sur un unique coin de terre. On la découvre toujours ailleurs.

CCII

L'homme est séparé de la vérité par un abîme non moins infranchissable que celui qui sépare les animaux inférieurs de son intelligence. Le chat n'entend que le langage du chat, — l'homme n'entend que le langage de l'homme. Dans l'échelle des êtres, nous sommes à l'étage supérieur, mais nous ne sommes pas au sommet. Y a-t-il seulement un sommet, et cette échelle n'est-elle pas comme celle de Jacob, infinie ? La nature ne peut-elle pas toujours y ajouter un degré?...

CCIII

Dire que les romanciers et les auteurs dramatiques ne traitent que les exceptions, c'est comme si l'on disait que les médecins ne soignent que les maladies.

CCIV

Nous n'avons jamais cru que la Révolution eût des origines célestes : tout ce qui se passe sur notre globe, pourtant, a sa raison sidérale, et les produits volcaniques de la politique ne se séparent pas de notre planète qui fait partie elle-même du grand tout.

CCV

Une erreur, qui est partagée par tout un siècle, est bien près d'être amnistiée.

CCVI

La religion, pour ne pas se tromper, remercie la Providence du bien et du pire. Si un enfant meurt, on met sur les lettres de faire part : *Laudate, pueri, Dominum*.

CCVII

Le peuple est ennemi du peuple, et ne manque jamais d'établir des distances entre lui et son inférieur dans l'échelle sociale. — C'est ce qu'il appelle tenir son rang.

La hiérarchie est dans la nature.

CCVIII

Toutes ces lois, que l'on appelle de préservation sociale, ne valent pas une seule petite réforme, intelligemment appliquée (20 janvier 1883).

CCIX

J'ai passé ma vie à adoucir des pointes.

CCX

. Il ne faut pas que les morts nous tirent par les pieds.

CCXI

La France est rongée par l'Océan germanique à sa frontière de l'Est, comme par l'Océan Atlantique à sa frontière de l'Ouest.

CCXII

Il faut toujours chercher la clé des actions humaines. — La clé? n'est-ce pas plutôt la serrure?

CCXIII

Le suffrage universel est comme ces rudes batail-
leurs qui, ignorant les règles de l'escrime, donnent
parfois un mauvais coup contre toute prévision.

CCXIV

La province a des grossièretés qui déconcertent et
désarçonnent un homme poli.

CCXV

C'est méconnaître la femme que de la vouloir sans
fautes d'orthographe.

CCXVI

Il y a des gens qui empoisonnent les sources, et
puis, qui disent : « Les sources sont empoison-
nées. »

CCXVII

Le seul moyen d'empêcher qu'on n'écoute aux
portes, c'est de les tenir ouvertes.

CCXVIII

Les amis politiques ne sont pas des amis.

CCXIX

La politesse fait partie de la probité, comme l'orthographe, du style.

CCXX

Il y a des débordements naturels de peuples comme il y a des débordements de mers, de fleuves ou de rivières. Les uns et les autres rentrent dans leur lit après avoir accompli leur évolution.

CCXXI

Souvent les vues d'avenir cachent la réalité du moment. Aussi peut-on être un très grand philosophe sans être précisément un moraliste. — Sainte-Beuve est un plus fin moraliste que Diderot. Victor Hugo voit de très-haut : il observe très-peu à ses pieds. Cela le gênerait peut-être.

CCXXII

X..., quand il rend de l'argent, dit qu'il en prête ;
— et quand on lui en prête, il dit qu'on lui en rend.

CCXXIII

Le maréchal Baraguey d'Hilliers, se sentant mourir, adressa d'Algérie à ses amis de France une carte de visite avec cette mention : P. P. C. (pour prendre congé). Quelle simplicité héroïque et quelle philosophie !

CCXXIV

Les gouvernements à bon marché sont comme les montres... à bon marché, qui finissent par coûter fort cher.

CCXXV

Pour l'esprit des grands hommes, la pire des calomnies est celle qui les dénature et les rapetisse aux yeux des provinciaux et des badauds.

7

CCXXVI

On ne connaît bien les personnes et les choses que quand on s'est donné à chacune d'elles en particulier et en entier.

CCXXVII

La démocratie est un torrent — un vaste courant, si l'on veut — qui fait aller le moulin ; mais il faut au moulin une main habile pour le diriger.

CCXXVIII

Aucun gouvernement n'est maître de son parti, quand il triomphe, et les premières représailles sont parfois terribles.

CCXXIX

Dans toute supériorité, il entre une part souvent inconsciente de dédain. M. Renan ne prend même pas la peine de s'en défendre.

CCXXX

W... est tellement accoutumé à ce qu'on parle de lui dans les journaux, que tous les ans, il regarde, dans les nécrologies, publiées au 1er janvier, si son nom ne s'y trouve pas ; et il parait désappointé, quand il ne l'y a pas vu.

CCXXXI

Le mari de madame Dorval était un homme d'esprit (à la Favart). Un soir qu'il entendait de son lit une discussion entre sa femme et le comte Alfred de Vigny, l'homme le plus poli du monde, qui s'excusait de son mieux d'avoir été retenu, de n'avoir pu venir plus tôt, tandis qu'elle l'avait attendu et lui en faisait les plus bruyants reproches, le mari, impatienté de ne pouvoir dormir à cause de cette querelle d'amoureux, dont il ne perdait pas un mot, cria à sa femme à travers l'appartement : « Mais puisqu'il te dit qu'il a été empêché... tais-toi donc ou parlez plus bas... laissez-moi reposer... »

CCXXXII

On sert parfois des intérêts privés et des rancunes personnelles, en croyant servir des intérêts publics.

CCXXXIII

Gambetta est le Casimir Perier de la petite bourgeoisie.

CCXXXIV

Les événements me glissent à présent entre les doigts sans s'y arrêter, comme de l'eau quand on y trempe la main, en passant une rivière en bateau. Je ne cherche pas plus à la saisir, que je ne m'attache à tout ce qui se passe d'indifférent autour et en dehors de moi. Peu m'importe que la terre tourne, pourvu que je croie à son immobilité parfaite.

CCXXXV

La classe moyenne est envieuse des grands et méprise les petits, les inférieurs. Elle fait partir l'égalité d'elle-même : rien au-dessus, tout au-dessous.

CCXXXVI

Rien de plus navrant que la mort d'un comique. On comprend plutôt la mort d'un tragique, habitué à avaler un sabre ou du poison à la fin de chaque représentation, mais on ne se fait pas plus à la mort de Molière (malgré ce qu'en a dit Bossuet) qu'à la mort d'un comédien qui vous a fait rire pendant quarante années au théâtre du Palais-Royal.

Le rire est tout le contraire de la mort, parce que le rire, a dit Rabelais, est le propre de l'homme.

CCXXXVII

Je connais la fille d'un chasseur. Elle traite les chiens comme des personnes, et les personnes comme des chiens.

CCXXXVIII

Qu'est-ce que la justice ? — C'est le droit du plus fort et du plus habile.

La justice commence toujours par une usurpation. Elle devient le *Droit*, après.

CCXXXIX

Notre vieille société traite l'argent comme une puissance, quand elle ne devrait le traiter que comme un instrument.

CCXL

On est toujours tenté de croire que ce qu'on voit pour la première fois est nouveau.

CCXLI

Avoir du caractère, c'est souvent avoir un mauvais caractère.

CCXLII

La France est un pays plus indiscipliné qu'ingouvernable.

CCXLIII

Il n'y a pas de lois métaphysiques : il n'y a que des lois physiques et sociales.

CCXLIV

Aux jours de crise politique, la disgrâce est dans l'air. Les figures provinciales l'expriment sans art. C'est l'une des rares *sincérités* de la province.

CCXLV

C'est le propre d'un esprit commun que de se moquer des religions nouvelles.

CCXLVI

Le suffrage universel est un de ces oiseaux de haut vol et de large envergure qui ne se laisse pas prendre aux toiles d'araignée qu'on lui tend. — C'est lui, au contraire, qui emporte les toiles d'araignée au passage.

CCXLVII

La tortue est peut-être une grenouille fort agile. Malheureusement la nature l'a douée d'une carapace avec laquelle il faut qu'elle compte. C'est son régime parlementaire à elle... qui la tient constamment en laisse et retarde sa marche.

CCXLVIII

Nommez-moi député, et vous verrez que je ne ferai pas mieux que les autres.

CCXLIX

La plupart des chevaliers de la Légion d'honneur sont et vont sans *cheval*, comme les prêtres que l'on s'obstine à appeler des *abbés*, bien qu'ils n'aient plus et qu'il n'y ait plus de bénéfice appelé *abbaye*.

CCL

Il ne faut pas juger les choses d'un temps avec les idées d'un autre.

CCLI

La question, tant controversée de la propriété, sera éternelle, et elle se modifiera encore, dans le sens et selon le cours normal de l'impulsion et des dérivations données à nos révolutions sociales. Ce qu'on prend alors pour l'équité, le bon sens, la justice, la légalité, n'est souvent que la résultante du meilleur parti à tirer d'une situation inéluctable. En quelque temps que ce soit, nous dépendons de la conquête privée ou publique, de l'usurpation ou de l'usure, à main armée ou par un autre genre de fraude, et s'il fallait remonter à l'origine des faits accomplis en matière d'héritage, de propriété, comme en politique, on trouverait presque toujours la consécration par prescription de quelque iniquité devenue *naturelle*. L'homme ne peut répondre que de lui-même, nullement de ses ascendants ni de ses descendants. Le mieux est de l'armer pour la lutte de l'existence, sans trop se préoccuper de cette question matérielle de fortune à léguer, qui fait souvent le malheur de nos héritiers.

CCLII

Chez les femmes, ce que l'on prend pour de la bêtise est quelquefois de la malice.

CCLIII

On voit bien, à la façon dont les impôts sont répartis, que ce ne sont pas ceux sur qui ils pèsent le plus qui les votent.

CCLIV

Rien n'est à un, tout est à tous.

La propriété n'est qu'un droit de jouissance et de conservation. Nul n'a le droit de détruire ce qu'il possède.

CCLV

Qui a eu plus d'esprit en France après et depuis Voltaire ? — Beaumarchais.

CCLVI

Le deuil plaît aux femmes. C'est une *attraction* de plus pour elles.

CCLVII

A tout prendre, la question de la *liberté de tester* se résout tout naturellement et de la façon la plus simple pour le plus grand nombre qui, ne possédant rien, n'a rien à léguer... Il faut bien que les enfants s'en tirent comme ils peuvent.

CCLVIII

Les grèves ne sont pas la cause, elles ne sont que l'effet de la ruine de l'industrie. Elles sont le craquement précurseur de l'immense détraquement qui a précédé de tout temps la révolution économique. Ce qui a fait la Révolution de 89 est moins l'esprit encyclopédique que l'état profondément obéré des finances auquel il fallut remédier.

CCLIX

L'*inconsolable* veuve Artémise était peut-être une femme maussade et saugrenue, qui se consola d'avoir fait mourir son mari, comme on dit, *à petit feu,* en lui élevant un mausolée.

CCLX

La justice et l'humanité sont dans les individus qui les pratiquent : elles ne sont pas dans les institutions humaines.

CCLXI

Il y a plus d'une manière de se rattacher au culte de l'humanité, et le scepticisme désintéressé y conduit mieux que le spiritualisme qui n'est souvent qu'une science d'apparat.

CCLXII

La bêtise est plus forte que l'esprit. Elle a toujours le dessus.

CCLXIII

La petite raillerie taquine et à jet continu — ce qu'on appelle maintenant la *blague* — cette taquinerie de moustique énervante, harcelante et agaçante est un signe d'étroitesse d'esprit, qui s'exerce sur ce qui prête trop facilement prise chez tout être à surface large. Telles les mouches s'abattent sur un bon morceau. Les grands esprits ne sont pas taquins. Sainte-Beuve dédaignait ce genre de plaisanterie. Louis XIV l'a flétri une fois devant ses courtisans qui taquinaient un *Alceste* de la cour... Napoléon avait un genre de taquinerie à lui, particulier. Quand il prenait les gens en défaut, il leur tirait l'oreille, et ils la baissaient. L'ami de Talma riait et plaisantait gravement comme un héros de Corneille.

CCLXIV

La science dissipe les religions, comme les rayons
du soleil dissipent les ténèbres.

CCLXV

Je suis de ceux qui ne changent jamais leur pièce
d'or en monnaie, et qui la donnent tout entière.

CCLXVI

En province, il y a des atomes qui accrochent les
propos au passage, et qui les colportent.

CCLXVII

La Providence est le privilége de quelques-uns,
qui s'en sont fait un monopole.

CCLXVIII

Un monsieur passe dans la rue.

Deux autres passants, l'un pape, l'autre moine, se
prennent de querelle à son sujet.

Le premier dit : « cet homme a des trésors dans
sa poche. »

L'autre, dédaigneux, réplique : « Il a tout au plus
quelques centaines de francs... il n'est pas aussi
riche qu'on le croit. »

Là-dessus la querelle s'envenime. Chacun soutient son opinion avec frénésie, avec fanatisme. Le public s'assemble et prend parti, selon son tempérament, selon sa nationalité, qui pour, qui contre ; Rome et Genève s'embrasent : bientôt c'est une mêlée générale ; on verse des flots d'encre d'abord, puis des flots de sang dans toute l'Europe, pour savoir ce que contenait la poche de cet homme.

Or, vérification faite, il se trouva qu'il n'y avait rien. Mais on s'en était aperçu un peu tard. Il ne restait plus, de la longue et sanglante mêlée, qu'un amas de livres illisibles et des monceaux de ruines, avec des traces d'incendie.

N'est-ce pas sur des données aussi creuses que de tout temps, les Kroumirs, ces éternels fauteurs de guerres sacrées, et qui sont de toutes les latitudes, ont mis le monde à feu et à sang ?

CCLXIX

A PROPOS DE MUSIQUE 1

D'Alembert a dit : « Malheur aux productions de l'art dont toute la beauté n'est que pour les artistes ! » En art comme en politique, je suis pour le suffrage universel, et je crois que tout le monde a plus d'esprit que Voltaire. Il me paraît d'ailleurs qu'on fait

1. Lettre à M. Lefebvre Saint-Ogan, rédacteur en chef du *Progrès de l'Oise.*

trop les dégoûtés dans cette même patrie de Voltaire,
et que les lumières étrangères n'ont servi jusqu'à présent qu'à nous égarer. Je suis là-dessus de l'avis de
Paul de Saint-Victor dans *Barbares et Bandits*. —
Quant à la musique proprement dite, je dirai que c'est
affaire d'impression immédiate, instantanée ; absolument comme cette dame qui reconnut un jour à la
froideur subite d'un artiste de ma connaissance qu'il
ne l'aimait plus. Ces choses-là ne se commandent
pas. Il n'est pas besoin de tant d'initiation en art
pour savoir si une chose est belle ou non. Il faut
qu'elle saute aux yeux. Mais que dis-je ? les yeux !
Cela tombe sous les sens ; et c'est de la musique
sensuelle que j'ai l'air de faire l'apologie. Hélas ! je
n'en connais pas d'autre, sur tout le clavier, depuis
Beethoven jusqu'à Offenbach, sur tout ce qui a
conquis à la longue le grand public. Je souhaite cet
avenir-là pour Berlioz et Wagner, ces deux frères
ennemis, mais Auber l'a eu du premier coup [1].

Il en a été des deux autres, jusqu'à présent, en

---

1. « ... Le compositeur français ne veut plus être de sa
race comme le furent ses aînés ; il fait de la musique étran-
gère par chic... parce que la mode l'exige. Mais quand la
pauvreté d'imagination, dont souffre notre temps si bourré de
science, aura fait place à un état plus robuste des esprits, le
génie purement français se retrouvera, et de nouveau on
pourra affirmer, sans se faire conspuer, qu'Auber est un des
plus merveilleux compositeurs de ce siècle et que le répertoire
de l'Opéra-Comique contient de véritables chefs-d'œuvre d'un
genre particulier, mais non inférieur ; car dans les arts rien
n'est inférieur du moment où l'artiste est parvenu à la plus
haute expression de son idéal. » (ALBERT WOLFF, *le Figaro*,
28 mai 1887).

France, comme de Glück. Ils auraient besoin d'être
galvanisés de temps en temps, comme la tragédie
l'a été par mademoiselle Rachel ; — comme *Orphée*
par madame Viardot, la grande tragédienne lyrique
de nos jours.

Ce n'est pas une raison pour sacrifier le vieil art
français aux gloires naissantes. La postérité jugera
entre les unes et les autres. Il y aurait de la témérité
à se prononcer à l'avance. — On ne sait jamais
qui vivra ou qui mourra, comme disent les bonnes
femmes, faisant leur testament. L'esprit humain est
sujet à tant d'accidents !

Aujourd'hui la génération nouvelle a la bouche
pleine de Schopenhauer... il y a quelque vingt ans,
c'était de Henri Heine... Stendhal prend peu à peu
la place de Balzac ; Baudelaire, celle d'Alfred de
Musset... ce que c'est que de n'avoir produit qu'un
livre ou deux... L'auteur de *Madame Bovary* devient
un cas de psychologie contemporaine !

Il y a là un renversement d'idées, bien fait pour
étonner les esprits simples et naturels, et pour les
ramener au bon sens de Joseph Prudhomme, qui
prend tôt ou tard sa revanche.

CCLXX

On lit dans les *Souvenirs d'enfance et de jeunesse*,
par Ernest Renan, page 150 :

« Sainte-Beuve, Théophile Gautier, me plurent un
peu trop. Leur affectation d'immoralité m'empêcha
de voir le décousu de leur philosophie... »

Ce que M. Renan appelle *décousu*, n'est peut-être bien que l'absence de pédantisme... ou d'exclusivisme. Sainte-Beuve avait perfectionné son outillage : il avait au bout des doigts des instruments fins et subtils, dont personne n'a su faire usage après lui [1]. Il possédait surtout l'œil du *maître* : mais il manquait essentiellement de système préconçu et factice. Sa méthode était *naturelle*. Il l'a expliquée dans des articles sur M. Taine et ailleurs. Le défaut des méthodes artificielles et toutes faites, dans lesquelles il faut que tout entre forcément, même ce qui n'y peut tenir, a éclaté dans une circonstance récente, quand M. Taine s'est mis à juger Napoléon. Napoléon n'est pas une de ces plantes qui se prêtent facilement à un traitement de serre chaude. Il faut que le vase craque pour l'y faire entrer. C'est ce qui est arrivé avec une philosophie trop bien *cousue*, dont M. Renan a constaté l'absence chez Sainte-Beuve.

---

1. Un écrivain grossier a cru pouvoir se servir de ces instruments, en les lui appliquant à lui-même. Il les avait ramassés sur la table de Sainte-Beuve, du temps qu'il était son secrétaire ; mais il a eu la main lourde et les doigts épais. Il a rassemblé, pourtant, dans une habile préface, les divers principes émis çà et là par Sainte-Beuve sur sa méthode de critique personnelle. Cet écrivain, défunt, a fait aussi un livre sur M. Renan. — Un jeune doctrinaire a tordu la vérité au profit d'uu parti et d'une secte : il a pris une cuillère d'argent, l'a faussée, et a dit : « tenez, c'est toujours une cuillère. » La *Revue des Deux Mondes* s'est prêtée à cette œuvre de rancune.

CCLXXI

Il n'y a pas de natures droites : il n'y a que des natures brisées.

CCLXXII

A monsieur René Fossé d'Arcosse.

Compiègne, 22 octobre 1881.

Mon cher ami,

Vous êtes un *sainte-beuvien* pratiquant, — vous et deux autres amis, M. Charles Ritter, de Morges, le traducteur de Strauss, et l'abbé Constantin Roussel, le respectable curé-poète, auteur des *Fleurs des Vosges* [1]. Rien de ce qui concerne ce grand esprit ne vous est étranger, et vous voulez savoir pourquoi il est si maltraité dans une publication récente [2].

Je souffre dans mon admiration et même dans mon culte, dont je ne me défends pas, pour le génie de notre plus grand poète, de ces zizanies posthumes, que ses amis entretiennent avec un soin trop zélé autour de lui.

Ah ! qu'il est loin le temps — et il n'est pourtant pas encore bien éloigné — il ne remonte pas à plus

---

1. Mort en 1882. Voir ce que Sainte-Beuve a dit de cette nature exquise, essentiellement poétique, dans les *Nouveaux Lundis*, t. II (article sur *le Poème des Champs*).

2. *Victor Hugo et son temps,* par ALFRED BARBOU.

8

de douze ans — où l'un des plus anciens et des
plus fidèles serviteurs de cette haute et toute-
puissante gloire qui tient actuellement tout le
siècle, comme Voltaire, adressait à Sainte-Beuve
un roman nouveau avec cette dédicace manuscrite
au crayon : « *Au commandeur de l'esprit Sainte-
Beuve.* » Le piquant est que Sainte-Beuve, touché
de l'attention, était gêné par l'hommage. Tout
commandeur qu'il fût, il n'aimait pas qu'on le lui dît.
Il repoussait ces degrés hiérarchiques qui consistent
à faire de la République des Lettres une espèce de
régiment où l'on monterait de grade en grade. Il
était plus *égalitaire* que cela. « C'est Balzac, disait-il,
qui a introduit ces titres pompeux de *maréchaux* des
Lettres ; nous sommes tous écrivains, comme les
douze preux étaient chevaliers de la Table ronde,
sans distinction de *princes* de la critique et autres
balivernes ; — tout cela, ajoutait-il, c'est du charla-
tanisme. » C'était là sa théorie, de moins en moins
en faveur, si j'en juge par l'une des conversations
que rapporte le nouvel interprète de Victor Hugo, et
d'après laquelle le poète immortel aspirerait à monter
de sphère en sphère jusqu'à devenir un ministre de
Dieu. Il place Dieu en haut : là-dessus je n'ai pas de
théorie, car tout est relatif, et s'il est vrai qu'on
s'élève en quittant la terre, on s'abaisse aussi en
sens inverse vers d'autres régions. Mais c'est là de
la métaphysique d'aéronaute — tout à fait transcen-
dante...

Je ne me défends que d'une chose : c'est d'avoir
trempé dans des publications tapageuses, dont on a

voulu me rendre complice. J'ai mis çà et là mon grain de sel à la biographie de Sainte-Beuve, mais je n'ai jamais prétendu en faire du picrate.

CCLXXIII

Un jour qu'on raillait devant Sainte-Beuve la nomination du tailleur Dusautoy à la rédaction en chef d'un journal, Sainte-Beuve dit : « Voilà comment on comprend l'égalité en France, dans ce pays de suffrage universel ! on trouve étonnant qu'un honorable commerçant arrive à des fonctions publiques ou politiques, et l'on se plaint de l'ancien régime. Quel manque de logique ! »

CCLXXIV

ESPRIT DE COTERIE

> « Quoi qu'on dise de vous, ne vous défendez jamais... C'est surtout quand on est innocent qu'on se défend mal, et bien des gens ne restent calomniés que parce qu'ils ont essayé de repousser la calomnie en se défendant... »
>
> (EMILE DE GIRARDIN, cité par LOUIS ULBACH, *Revue politique et littéraire*, 30 avril 1881, p. 573.)

Un esprit superficiel, commun, perfide avec préméditation, est celui qui prend sciemment l'apparence de la vérité, en toute occasion, pour la vérité elle-même. Où en serait-on, cependant, si l'on jugeait toujours ainsi sur les appa-

rences ? Dans les mille et une petites coteries qui
composent la société parisienne et forment comme
autant de petits États provinciaux et fermés — une
sorte de République fédérale qui se cantonne dans
tous les coins de Paris — c'est malheureusement
cette tendance générale qui domine aux dépens de la
vérité, et qui sert de lien à tous ces commérages de
petite ville. Aussi la société est-elle sujette souvent
à se déjuger, et à en appeler le lendemain de ses
préventions de la veille. Elle se laisse entraîner dans
le premier moment : mais à ces hauteurs *juste milieu*
de la bourgeoisie contemporaine, qui se fait une
opinion et un esprit par à peu près et d'après son
journal, le premier mouvement est souvent *mauvais*. Elle subit l'*emballement* d'esprits secs, étroits,
sans enthousiasme, avides, cupides, calculant la
portée de leurs calomnies, d'autant plus enclins à
dénigrer qu'ils jugent l'humanité en masse d'après
eux-mêmes... Aussi faux témoins que des portières
et capables de tous les artifices, de toutes les
coalitions pour mieux servir leurs rancunes et leurs
intérêts. Ils ont des alliés dans tous les camps, et
c'est là un des signes de cet esprit de coterie qui
règne entre corsaires, se faisant la chasse d'habitude, mais prêts cependant à se donner un coup de
main, quand la solidarité l'exige.

Un livre, dont l'auteur seul doit être rendu
responsable, paraît-il, c'est dans la façon d'atta-
quer l'ennemi (ou celui que l'on croit tel) que
se révèle la perfidie de ces bons apôtres du repor-
tage. *Pantalon* est lancé en avant — en éclai-

reur — en uhlan : — le vieux loup, devenu berger,
endosse l'habit de Prudhomme pour la circonstance ;
sous prétexte de morale, il étend la tache, il fait
son métier. Si tous ceux qu'il essaie de compromettre, en les provoquant, ne se laissent pas
prendre à ce piége grossier, on les calomnie sous
main, on fait courir le bruit qu'ils ont contribué au
livre. Cela se dit jusque chez H... : *Ménalque* et
Démophile en sont convaincus et le répètent. Mais le
livre est signé d'un nom qui, pour être peu connu, n'en
est pas moins celui d'un écrivain qui a déjà fait ses
preuves. N'importe ! *Acates* est son complice. *Acates*
seul a pu fournir ces notes, ces documents : ses plus
anciens amis, qui devraient le connaître mieux que
personne, lui disent en face qu'il a fait *une mauvaise
action*. Il n'y attache pas d'importance, leur rit au
nez et leur tourne le dos. Un autre, qui tient de près
à *Ferulus*, lui fait la leçon d'une façon outrageante.
Acates se décide encore à passer outre. Mais voici
qu'un ami officieux, homme d'esprit, écrivain très
répandu, l'avertit à la rencontre qu'on l'a vu, positi-
vement vu, touchant et partageant *ses droits d'auteur*
avec son *collaborateur* chez le libraire... Que dire ? que
répondre ? Panurge, accusé d'avoir volé les tours
de Notre-Dame, et confondu par tant de calomnie,
aurait cherché des excuses. *Acates* n'en cherchera
pas. Il sait qu'on n'arrête pas la calomnie : qu'une
fois lancée, elle suit sa voie et acquiert même de la
consistance : comme la glace qui ne fond pas, elle
finit par se changer en granit. Il faut du temps ensuite pour la pulvériser. *Acates* a donc pris cette ré-

solution suprême : Rester indifférent, rire des intri-
gants, des sots et des petits esprits, poursuivre son
chemin droit et honnête, pouvoir répondre sans
cesse de ses actions, avoir toujours bien présent que
ceux qui l'attaquent ne le valent pas, qu'autant sa
vie à lui a été simple et transparente comme du verre,
autant la leur est à double et triple fond, compli-
quée, vraie vie de *polichinelles*, aussi peu puritaine
que possible malgré les grands airs et les affecta-
tions d'austérité et de vertus en tous genres qu'ils
mettent en vers et en prose ; — surtout aussi peu
désintéressée que possible, bien que la générosité et
le libéralisme soient leur dada. — Vrais tartufes du
journalisme, qui battent monnaie tous les matins
sur le dos de la badauderie parisienne.

CCLXXV

NOUVELLES MŒURS

Le régime parlementaire tuera l'écriture, absolument comme l'abus de la lame a tué la chevalerie.

Depuis que deux lignes de l'écriture d'un homme
suffisent, non plus à le faire pendre (ce qui était
peut-être plus franc), mais à le faire calomnier ou
à le rendre ridicule dans le premier journal venu,
les honnêtes gens avertis finiront par s'abstenir de
confier au papier l'affaire même la plus simple.

Ce sont là de nouvelles mœurs contre lesquelles il
est bon de se mettre en garde.

Ah ! comme je comprends le mot d'un patron
que j'avais l'an dernier : « il ne faut jamais écrire, »
disait-il. — Et lui-même écrivait encore trop, à
l'abus qu'on fait aujourd'hui du moindre petit
papier.

Un de ces journalistes verbeux, véritable corneille
qui abat des noix, pour qui la quantité remplace la
qualité, et qui, pourvu qu'il remplisse son courrier,
se soucie peu de ce qu'il déverse dedans, vantait bien
haut l'autre jour — et triomphalement — sur ce ton
agaçant de mouche du coche qui distingue sa petite
trompette dans un grave et assez léger journal du
soir, ce qu'il appelait la *toute-puissance* de la presse.

D'abord c'est elle-même qui s'est érigée de la
sorte. « La presse est une *puissance*. » — Et qui a
dit cela ? la presse ; — absolument comme dans
le Lion abattu par l'homme, c'est l'homme qui est le
plus fort.

Mais il n'y a pas que la presse qui soit une puissance à ce compte : tout corps de métier pourrait en
dire autant et avec aussi peu d'autorité et de raison.
Il ne s'agit pas d'être une puissance dans un temps
où l'on abat tout pouvoir. Puissance de qui ? puissance de quoi ? Dans tous les cas, puissance confuse
et qui ne tient son autorité que d'elle-même.

Cette puissance (ou soi-disant telle) a vite oublié
que hier encore elle ne réclamait que la liberté.
Aujourd'hui qu'elle a la tolérance et l'impunité assu-
rées, elle prouve déjà que, comme toutes les puis-
sances du monde, dès qu'elle ne se sent plus de
frein, elle est portée à abuser, — elle déborde...

Dans un siècle où tout tend vers la République *argentine*, il suffit d'avoir les moyens d'être propriétaire d'un journal, pour commettre de ces abus et de ces excès de presse.

Mais, dans ces conditions, tout propriétaire d'une maison jetterait des pierres sur les passants du haut de son toit, sans que ceux-ci pussent répondre autrement qu'en montrant le poing.

Du moins, quand on se bat en duel, on a son ennemi en face de soi et sur le même terrain.

— Mais de nos jours l'habileté parlementaire consiste à éloigner de soi tout danger personnel. C'est l'inviolabilité des avocats en toque et en toge, passée au service des journalistes. On attaque avec d'autant plus d'audace qu'on sait l'adversaire dans l'impossibilité de parer le coup et d'y riposter. Trop heureux encore pour celui-ci quand il ne s'agit que de rire un brin à ses dépens, et nullement de le compromettre (comme cela se pratique depuis quelque temps) avec des lettres qu'il a pu écrire dans des moments d'épanchement, de faiblesse ou d'amitié.

CCLXXVI

LETTRE A ÉMILE ZOLA

Vous avez dit un jour cette chose juste : Critique et Roman ne sont qu'un, dans un temps où l'une est devenue l'étude de l'homme à travers les livres, et l'autre, la recherche de la vérité à travers la vie.

Je vous suis depuis vos grands succès de *l'Assommoir* et de *Nana*. J'avoue n'y avoir rien compris
tout d'abord : ces crises violentes ne me vont plus.
Elles ont pourtant cela de bon qu'on en hérite
ensuite comme de 93, et que tout retour au
passé, en littérature comme en politique, est désormais interdit à quiconque serait tenté de remonter
en arrière.

Mais je me suis laissé avertir à votre égard par
ceux surtout qui sont plus aptes que moi à juger de
la *vérité* d'un livre, parce qu'ils n'y apportent pas les
préoccupations *littéraires* d'un esprit *livresque*.
Quand on les entend dire, en présence de certaines
scènes qui les ont frappés dans une lecture, et qu'ils
retrouvent dans la vie : « c'est bien ça, » ou : « c'est
comme dans *l'Assommoir*, » ou tel autre livre qu'ils
ont lu et dont il leur est resté quelque chose, on
peut être assuré qu'il y a là une originalité saisis-
sante, et dont le public seul est juge, en dehors
de l'aréopage littéraire, trop souvent porté à discré-
diter un confrère. Je m'en réfère volontiers, comme
en matière de délit de presse, à ce grand jury, pris
dans l'universalité des citoyens, qui a toujours eu
plus d'esprit que Voltaire, et justement parce qu'il
est, avant tout, désintéressé dans la question.

Je vous ai lu depuis avec plus d'attention, et j'ai
trouvé qu'avant la renommée bruyante et dangereuse pour vos autres œuvres que ces deux livres
vous ont faite, — car il semble, pour beaucoup de
gens, que vous soyez uniquement l'auteur de *l'Assommoir* et de *Nana*, — il y avait derrière vous, je

ne dirai pas un *bagage* (laissons ce mot aux camion-
neurs littéraires), mais ce qui constituait déjà le
maître, au sens ancien et non banal d'un mot qu'on a
prodigué, bien avant que votre nom ne fût bombardé
à la célébrité.

Le même phénomène s'était passé, à ma connaissance, pour M. Ernest Renan, et vous avez eu au
moins cela de commun que deux livres, que je ne
compare pas d'ailleurs autrement (pas plus que vos
talents respectifs) ont fait de vos deux noms ce qui,
de nos jours, est le comble de la gloire ou de la
popularité, — deux têtes de *pipe* et deux têtes de
turc. Vous avez été en butte et en proie à tous les
avantages et à tous les inconvénients de la trop
grande célébrité.

J'en étais encore à mes préventions premières envers vous, quand je me suis senti ramené par un
incident, que je puis raconter aujourd'hui sans trahir
le secret professionnel. Il est du reste de notoriété
publique. J'étais en ce temps-là secrétaire d'un
grand éditeur (et pourquoi ne le nommerais-je pas ?
M. Dentu). Je vis entrer un soir, en grand mystère,
et comme s'il s'agissait de quelque innocente conspi-
ration de librairie, un auteur bien connu, homme de
sens dans la conversation, jugeant bien ce qu'il faisait, appréciant à sa juste valeur l'*article de Paris*
qu'il fabrique lui-même ; n'aimant pas que *Peau d'âne*
lui soit conté, mais le contant volontiers aux autres,
par métier, presque par vocation, en conscience et
par devoir, « ne lisant jamais des romans, disait-il, »
mais bien forcé d'en faire, prenant sa revanche dans

des lectures nutritives, mais dès qu'il avait un roman en tête, venant l'*essayer* sur un auditeur bénévole, et débitant sérieusement, à la première oreille qui pouvait l'entendre, le dernier *fait divers* de police ou de cocotterie, inventé par lui, et qui devait servir d'amorce quinze jours après à son prochain feuilleton, — ayant toujours d'ailleurs sa boîte d'épices en poche et l'ouvrant de temps en temps pour en offrir une de ces historiettes *salées*, dont les hommes d'imagination se repaissent à huis clos. Ce soir-là il paraissait préoccupé plus que d'habitude. Il ne voulait parler qu'à Dentu dans son cabinet. Je crus qu'il s'était chargé de lui proposer quelqu'une des ces brochures *épatantes* [1], qui ne faisaient jamais grand mal quand elles éclataient, mais dont on exagérait toujours la portée à l'avance, comme si elles allaient tout fracasser. Cet homme d'esprit venait tout simplement prévenir l'éditeur de la Société des Gens de Lettres du grand danger qui menaçait alors la littérature, et qui partait de Russie. C'était un article de vous, qui avait paru... en *russe*, et dans lequel vous étiez accusé d'avoir porté une grave atteinte aux intérêts de vos confrères. On ne le connaissait encore que par quelques extraits reproduits en français dans une Revue suisse. Le lendemain, *le Figaro* sonnait le tocsin. Pour couper court à tant d'alarme, vous proposâtes à M. de Villemessant de publier votre

---

1. Une brochure contre Gambetta qui va f... un *chabanais* de tous les diables, disait un soir de 16 mai M. Émile Blavet.

article *in extenso*, ce qui fut accepté... naturellement. On s'attendait à quelque chose d'effroyable.

Je suis de ceux qui se montraient indignés... avant la lettre. Je partageais l'opinion commune, et j'avais hâte de connaître ce document fourni par vous-même, et d'où devait sortir la condamnation du naturalisme.

Aussi le jour qu'il devait paraître, me levai-je plus matin que d'habitude. Je faisais alors tous les jours, de bonne heure, de grandes tournées dans Paris pour le compte de mon patron. A huit heures, je lisais *le Figaro* dans la rue, je fus tout stupéfait, dès les premières lignes, de ne pas trouver dans votre article ce qui donnait lieu depuis huit jours à tout ce bourdonnement et à tout ce commérage, colporté un peu partout dans les journaux et chez les libraires : — les commis de librairie avaient le mot d'ordre, et répétaient ce qu'ils entendaient dire. Seuls, les commissionnaires de la partie trouvaient que vos livres avaient du bon ; mais sur aucun point, la réclame ne voulait reculer d'un pas et rendre le terrain qu'elle s'était peu à peu accoutumée à usurper sur la critique. Comme sertisseur de réclames, et fatigué de ce mensonge perpétuel et banal auquel j'étais condamné depuis sept ans, je me trouvais, au contraire, vengé par votre article. « Voilà donc enfin un critique, » m'écriai-je tout en cheminant ; et à mesure que j'avançais dans ma lecture, une réaction inverse à celle qu'on avait voulu créer se produisait dans mon esprit. Au lieu du scandale annoncé, je n'y trouvais que de la critique parfaitement litté-

raire et permise, — de celle, il est vrai, qu'on a
appelée la critique *parlée* et qui ne s'écrit guère, en
effet, en France. Mais de tout temps, les critiques
qui ont voulu exprimer sincèrement leur pensée,
l'ont envoyée de l'autre côté de la frontière, là où le
mur cesse d'être mitoyen et où il n'y a plus péril en
la demeure pour les relations de bon voisinage.
Bayle, Voltaire, en avaient fait autant..., et je vous
adressai, comme marque d'adhésion, un exemplaire
des *Chroniques* de Sainte-Beuve à la *Revue suisse*.
Mais je retins, de toute la clameur qu'on avait fait
naître pour un article de journal, cette leçon que
la Révolution avait eu raison d'abolir les corpora-
tions, car rien n'est plus dangereux qu'un corps de
métier et l'esprit qui s'en dégage, quand on y touche.

CCLXXVII

BONAPARTE ET L'ABBÉ RAYNAL

La gloire de Bonaparte a cela de particulier que
tout ce qui cherche à l'entamer tourne à la confusion
de ses détracteurs. Ce bronze blessé qui le touche :
comme *la Vénus d'Ille* de Mérimée, il rejette les
pierres qui l'atteignent. Elles retombent sur celui
qui les a lancées.

Nous sommes dans un temps de réaction *bour-
geoise*, et qui mesure tout à sa taille. Le petit Poucet
prenait au moins ses précautions avant de chausser
les bottes de sept lieues.

On a fait grand bruit dernièrement des *Mémoires de madame de Rémusat*. Le malheur est que dès que la main du *grand homme* apparaît, deux lignes de lui suffisent à effacer toute prévention. On comprend alors le maréchal Ney...

Le tort de ces compilations *orléanistes* est de produire des documents, qui sont arrachés à la plume de l'aigle. Ce style ferme, net, imagé, — où l'imagination pourtant ne déborde jamais sur la raison, mais où l'une ne nuit pas à l'autre, et où se révèle un écrivain de race (quoi qu'en dise le colonel Iung, qui triomphe trop facilement de quelques idiotismes), — ce style, dis-je, a quelque chose qui prend le lecteur, médiocrement intéressé jusque-là par les hors-d'œuvre qui remplissent ces volumes. Un simple début de lettre [1] ou de mémoire produit sur vous une impression vive. On trouve enfin quelque chose, on s'arrête, on relit, on y revient, on se sent pénétré. C'est un service, somme toute, que le colonel Iung vient de rendre à Bonaparte en fouillant dans ses papiers de jeunesse. Pas plus que les *Mémoires de madame de Rémusat,* ce livre n'apprend rien de bien nouveau et que les contemporains ignorassent sur les passions et les vices, communs à l'humanité, et dont le fils de Letizia n'aurait pas eu, à lui seul, le triste privilége. Mais quoi ! qu'est-ce qui ferait ressortir nos petites vertus, qui ressemblent bien à de l'hypo-

---

1. « Général, je naquis quand la patrie périssait... » (Lettre à Paoli, 12 juin 1789).

crisie, si nous n'avions à leur opposer les vices d'un grand homme ?

En supposant encore que ces vices ne soient pas apocryphes, car, quand la calomnie des partis s'en mêle, elle n'y va pas de main morte. Il a fallu dérouiller la mémoire des hommes de la Révolution et de la Convention pour les nettoyer de tout ce dont la réaction les avait chargés. Les historiens se sont attachés à ce travail — Hamel pour Robespierre, Robinet pour Danton — absolument comme au Louvre, on enlève des repeints aux vieux tableaux. C'est un travail qu'on a fait pour les Rubens [1].

J'ai été stupéfait — le livre m'est tombé des mains — quand j'ai lu (tome I, page 163, du livre du colonel Iung) :

« Il lui fallait, en vérité, avoir quelque peu perdu la notion de sa situation, pour adresser à un homme de la valeur de l'abbé Raynal le résultat de ses élucubrations de dix-huit ans sur l'histoire d'un peuple, ce peuple fût-il celui de Corse. En effet, quand on songe dans quel français Bonaparte rédigeait les moindres billets, on est en droit de se demander s'il avait bien la plénitude de toutes ses facultés. Ce qui est certain, c'est que l'abbé Raynal eut compassion de cet adolescent... »

Vraiment la compassion de l'abbé Raynal pour ce petit officier d'artillerie, encore en garnison à Valence (1786) !

Ah ! mon colonel, si j'osais, je vous prierais de lire, dans les *Nouveaux Lundis* de Sainte-Beuve, tout

1. L'histoire des partis vaincus est tissue de calomnie. C'est un aphorisme applicable à toutes les époques de défaite et de violence.

un chapitre sur ce même abbé Raynal, à propos des *Mémoires* de Malouet. Le célèbre abbé philosophe vous inspirerait peut-être de la compassion à vous-même, comme il en inspira un jour à Robespierre, après la lecture de sa fameuse lettre du 31 mai 1791, à l'Assemblée constituante, dans laquelle il démentait tout son passé.

Par pur amour de la Vérité.

CCLXXVIII

Il ne faut pas plus sacrifier la Vérité que la Patrie à ses opinions politiques.

CCLXXIX

Je suis de ceux à qui il est égal d'être vainqueur ou vaincu. Les hommes passent, mais la Vérité reste.

CCLXXX

L'homme est un résumé de toutes les passions inconscientes de la nature. Il n'est donc pas étonnant que l'homme soit mauvais.

CCLXXXI

Dans mes années sans souci de jeunesse et de quartier latin, j'allais me faire raser chez un perruquier de la rive gauche, qui avait une fort belle femme, — laquelle vous mettait quelquefois la main au menton.

Le pauvre homme était un travailleur tout dévoué au client et à sa besogne. Un jour qu'il me promenait le rasoir sur la joue, il me dit : « moi, je n'aime pas l'*astronomie*. » Je le regardai sans ouvrir la bouche, et pour cause : mais je dus lui faire l'effet d'un ahuri.

— Non, continua-t-il, je ne suis pas *astronome*. Il y en a qui ne se dérangeraient pas de table quand le client entre ; moi, je descends tout de suite. Cela m'est égal de manger un peu plus chaud, un peu plus froid. L'*astronomie* n'a jamais été mon vice...

Je compris alors qu'il voulait dire la *gastronomie*, mais jugez du rire... j'écartai du geste le rasoir quelques instants, parce que la situation devenait périlleuse, et, de mon mieux, je satisfis à ce besoin d'hilarité qui étonnait de plus en plus le brave raseur.

CCLXXXII

L'homme, bercé d'espérances souvent illusoires, me fait l'effet d'une assiette qui tourne au bout d'un

9

bâton sur le nez d'un jongleur. Le jongleur ne risque pas, à ce jeu, de se casser le nez, mais l'assiette risque à tout moment de se briser en tombant.

Il ne faut tourner au bout du nez de personne.

CCLXXXIII

Le suffrage universel dans les campagnes agit avec son gros bon sens... C'est la faute des républicains s'ils se présentent mal, s'ils ne savent pas parler au cœur de la démocratie, représentée par Jacques Bonhomme dans son essence la moins frelatée... Je ne commettrai jamais ce blasphème d'accuser le suffrage universel, base essentielle de la République.

En temps de liberté comme aujourd'hui, les républicains ne doivent imputer qu'à eux-mêmes leurs échecs électoraux. (*Fragment de lettre, 14 août 1883*).

CCLXXXIV

La publication des Lettres de Gustave Flaubert à madame X. me remet en mémoire cette anecdote que je tiens de madame X. elle-même. — Il y faudrait l'accent méridional, emphatique et vibrant de la Vénus d'Arles, dont le dépit et la colère allaient jusqu'à la haine. Elle colorait son amour *plastique* d'un spiritualisme à la Cousin, mais la sensualité romaine et païenne reprenait vite le dessus, au souvenir de *Léonce* (comme elle l'avait appelé dans un de ses romans). De la célèbre et banale devise, chère au philosophe, elle avait surtout retenu l'amour du Beau, en vraie fille du Rhône qu'elle était, et le chef-d'œuvre de Flaubert ne valait pas, pour elle, la « belle heure d'amour, » dont a parlé Arsène Houssaye. Elle eût bien sacrifié *Madame Bovary* à l'auteur lui-même, contre lequel elle ne cessait d'*expectorer* (c'était l'un de ses mots) son amertume et son regret :

« ... Je l'aimais avec le cœur, disait-elle ; lui ne m'aimait que d'amour *physique*... Dans ses œuvres, il n'y a que de l'amour *matériel*, pas un cri de l'âme... J'avais fait incruster, sur un porte-cigare, pour le lui offrir, un bijou qui me venait de ma mère, avec cette inscription : *Amor nel cor*...

« Comprenez-vous mon indignation, Troubat, vous qui avez l'âme droite, quand je lus dans *Madame Bovary* : « Outre la cravache à pommeau de vermeil, Rodolphe avait reçu un cachet avec cette devise : *Amor nel cor*... »

J'eus peine à réprimer un sourire.

Madame X. manquait de philosophie, puisqu'elle avait satisfait son cœur et sa passion, ce dont le sage doit se contenter, car nul ne peut, en saine et parfaite physiologie, exiger plus dans le cas pathologique en question.

L'amour, tel qu'elle l'entendait, à la fois platonique et réel, ne se commande pas.

Pétrarque n'attendait pas de Laure qu'elle lui rendît sonnets pour sonnets (bijoux qu'il se permettait de lui offrir) ; et madame X., moins immatérielle

que cet autre poète des bords du Rhône et de Vau-
cluse, ne se serait pas contentée comme lui : elle
possédait, en tout bien — l'honneur n'a rien à voir
là-dedans — son *sujet,* qui lui témoignait sa reconnais-
sance à sa manière.

Elle méconnaissait, de plus, cette loi d'appropria-
tion qu'ont pratiquée, de tout temps, les observa-
teurs moralistes, avant et depuis Molière et La
Bruyère, et qui laisse planer des doutes sur la légi-
timité de la propriété littéraire.

Madame X. aurait eu, certainement, des droits
d'auteur à revendiquer sur ce passage de *Madame
Bovary.*

CCLXXXV

De son côté, Gustave Flaubert, qui était l'honneur
même et la prud'homie en personne, jugeait ainsi
madame X... (ce qui prouve bien qu'entre *lui* et *elle,*
et dans toutes ces brouilles d'amants, il peut être
intéressant d'entendre et de connaître les parties,
mais il n'y a pas de parti à prendre) :

« Je dirai d'elle ce que Danton disait de Marat :
elle est insociable. »

Et il nous fit le récit suivant de leur dernière querelle :

« Un soir, j'arrivai chez elle à neuf heures et quart ;
elle m'attendait à neuf heures. Je m'assis en face
d'elle, à la cheminée : « vous venez de la barrière,
dit-elle ; vous aimez mieux ces femmes que moi... »
Je m'excusai de mon mieux pour un retard involon-

taire. Elle ne voulut rien entendre. Bientôt, du fauteuil où elle était assise, elle m'envoya des coups de pied dans les jambes. Exaspéré, je mesurai de l'œil la distance d'une bûche qui se trouvait à portée de ma main à sa tempe : je l'aurais tuée ; mais tout à coup, j'eus une vision de cour d'assises, je *vis* les gendarmes, les juges, le public, et moi sur la sellette... je me levai, et m'enfuis... Depuis ce moment, je n'y suis plus retourné. »

CCLXXXVI

Madame Colet a écrit des pamphlets, en vers et en prose, sur tout le monde.

Elle n'a pas pardonné à Sainte-Beuve, en particulier, de n'avoir pas fait d'article sur elle. (Voir *les Dévotes du grand monde*, un livre où elle n'a épargné personne).

CCLXXXVII

Un jour qu'on dénonçait à Frédéric le Grand un placard qui venait d'être affiché contre lui, il eut la curiosité d'aller en prendre connaissance en personne, et comme on avait placé ledit placard un peu haut, le roi philosophe voulut qu'on le rapprochât de l'œil des passants, de façon à être lu de tous.

CCLXXXVIII

Les hommes supérieurs, ou, tout simplement, les esprits pondérés sont volontiers pour ce qu'on a appelé « la liberté de la diffamation. »

Le droit de tout citoyen, incontestablement, est d'avoir recours à la Loi, mais j'estime, avec mon maître Sainte-Beuve, qu'un homme public ne doit jamais intenter de procès de presse. Il n'en avait jamais fait, bien qu'il en eût souvent l'occasion, pensant, comme il me le disait lors de la discussion d'une nouvelle loi sur la presse en 1868 (ce ne devait pas être la dernière), dans laquelle il se prononça pour la liberté de la presse, que cette liberté peut être définie, dans sa plus grande extension, « la liberté d'être calomnié et diffamé. » — On ne s'en porte pas plus mal après. — En 1869, il défendit au *Temps*, où il venait d'entrer, de répondre pour lui aux injures et aux diffamations du *Pays*. « Le plus souverain mépris en pareil cas, écrivait-il à M. Nefftzer, est le silence. C'est ma règle invariable, et je m'en suis toujours bien trouvé. »

On sait le mot de Thiers, que nous découvrîmes, justement, un jour avec Sainte-Beuve, dans un recueil de pensées manuscrites communiqué par une grande dame *bas-bleu*, laquelle avait oublié, la malheureuse ! certaine *dragée* qu'elle y avait déposée à l'adresse même de Sainte-Beuve. En faisant tout haut la lecture de ces *albums* devant le causeur des

Lundis, je tombai sur un passage le concernant, et où il était abominablement traité. Le maître critique renvoya les cahiers avec une lettre de sa belle encre (on peut lire le document complet dans les *Lettres à la Princesse*, à qui Sainte-Beuve fit part des élucubrations littéraires de sa cousine).

Voici le mot de Thiers que nous avions relevé dans ces cahiers, et que j'ai retenu de mémoire, — une perle où se révèle la plus sage des philosophies, en matière de diffamation, de la part d'un homme d'Etat. C'est l'opinion d'Emile de Girardin mise en pratique. Comme la grande dame en question demandait à Thiers s'il ne poursuivrait pas un article de journal : — « Baste ! répondit-il, je suis un vieux parapluie sur lequel il pleut depuis plus de cinquante ans. Quelques gouttes de plus ou de moins ne peuvent plus l'endommager ! »

Fit-il pas mieux que de déposer une plainte en diffamation ?

CCLXXXIX

Les femmes sont généralement pour Lamartine. Sainte-Beuve, nature féminine, délicate et tendre, ne dissimulait pas sa prédilection pour ce poète. Victor Hugo le savait, et, au meilleur temps de leur amitié, avant qu'elle n'eût subi aucune altération, il dit un jour à Lamartine, montrant Sainte-Beuve qui causait avec eux : « il vous aime mieux que moi. » De

même; Sainte-Beuve préférait l'*Iliade* à l'*Odyssée*, —
à cause de la belle Hélène, d'abord, — dont il détestait la parodie, — et de l'étude intime et psycholo-
gique des passions, qui domine dans le premier de
ces deux poèmes. Il mettait Racine au-dessus de
Corneille : il était, sur ce point, du tempérament de
La Bruyère. Les combats de l'âme, pénétrée et prise
sur le vif, l'intéressaient davantage que le gigan-
tesque et le glorieux, — qui sont souvent le contraire
du naturel et du vrai. — Il goûtait peu le moyen
âge, et cela se comprend avec le sens qu'il avait
de l'Antiquité : Virgile et la *Chanson de Roland*
sont incompatibles.

Parlant des Mystères du xve siècle, il a dit, citant
la parole d'un de nos maîtres : « Quiconque a lu
Sophocle dans le texte, est à jamais préservé de ces
éclipses ou de ces aberrations de goût. »

Il a développé une idée analogue à propos d'Homère,
disant que celui qui le connaissait bien était à l'abri
de tous les mauvais goûts et de toutes les supersti-
tions littéraires ; — et son *Homère* à lui, annoté de
sa main, qu'il avait lu *trois fois* dans le texte, est
là pour prouver qu'il pouvait s'appliquer cette
pensée.

Il ne se dissimulait pas, d'ailleurs, — et il l'a dit
dans ses articles sur l'*Anthologie grecque*, — que les
Anciens commençaient à perdre la partie.

Les obscurités et les aspérités *dantesques* tentaient
madame d'Agoult, — Shakespeare étant déjà devenu
trop clair.

Ovide, le vrai maître de latin, autrefois, pour des

élèves de cinquième, et qui le faisait aimer, qui éveillait l'esprit, qui donnait goût à la poésie, passe à présent pour être trop *facile*, — trop *français*. C'est ce que vous disent, sans rire, des préparateurs au baccalauréat.

Ce sont là jeux de dilettantes, qui se renouvellent de siècle en siècle, et qui ont le don de laisser, comme d'autres querelles sur des matières tout aussi controversables, le doute et la croyance également inflexibles des deux parts.

Au diable les écoles !

S'il était permis d'exprimer ses préférences, ses prédilections et même ses contradictions, car chacun apporte les siennes, je dirais que j'aime tout à la fois Victor Hugo, Théophile Gautier et Béranger. Les deux premiers, pour leur vers souple, solide, imagé, robuste, qui ne touche à terre, comme Antée, que pour y puiser de nouvelles forces, et avec lequel on n'a pas à redouter les chutes d'Icare. L'autre, le troisième, Béranger, ce qui m'attire et domine en moi, c'est son *humanité* même, sa note attendrie, familière et toujours vibrante. Il m'est impossible de lire tout haut, jusqu'au bout, *les Souvenirs du peuple*, sans que la voix me reste au gosier. Cela tient peut-être à ce que j'ai beaucoup vécu, par la tradition, dans ces temps où la France pleurait toutes ses gloires. Il n'est pas jusqu'au vers, dans la fameuse chanson du *Grenier*,

> A Marengo Bonaparte est vainqueur,

qui ne me fasse monter un sanglot à la gorge.

J'exprime les choses comme je les sens. Tant pis pour qui rirait ! Celui-là trahirait sa race et son origine : ce ne pourrait qu'être un fils d'émigré ou de royaliste. Tout est bien *moderne* dans Béranger : la forme, le fond, le sentiment et le sujet, et c'est le plus *châtié* des poètes. Il n'a chanté que l'infortune... et l'infortune *nationale*. Il est peut-être celui qui mérite le plus le titre, tant prodigué de nos jours, de poète *national*. — Je fais excuse, ils sont deux, Rouget de l'Isle y a droit ;

Car *la Marseillaise* est plus qu'un hymne, c'est une prière nationale.

M. Renan, recevant M. de Lesseps à l'Académie française, le 23 avril 1885, l'a qualifiée, en dépit des musiciens et des puristes, « le premier chant des temps modernes. »

Quelqu'un avait déjà dit : « la plus belle inspiration des temps modernes. »

CCXC

On a comparé Jésus à Socrate. Moi, je compare M. Renan à Platon. C'est le Platon du Christianisme.

CCXCI

Le régime parlementaire, c'est le régime des bâtons dans les roues.

CCXCII

Le poète Albert Mérat, qui avait débuté, tout jeune, en 1863, par un charmant volume de sonnets anonymes, *Avril, Mai, Juin,* en collaboration avec son ami Léon Valade, venait de publier, en 1866, et cette fois sous son nom seul, un second volume de poésies, *les Chimères.* Le poète Auguste Lacaussade, ami de Sainte-Beuve, vint un jour trouver l'illustre académicien, et lui dit : « vous m'avez donné à lire l'œuvre d'un jeune homme, qui, je crois, mériterait un prix d'encouragement à l'Académie... Le prix Latour-Landry, destiné justement à récompenser les jeunes talents, lui conviendrait bien... » Sainte-Beuve promit à M. Lacaussade d'en parler à l'Académie, mais, en prenant connaissance du volume, il y rencontra ce vers :

Ou monsieur Legouvé, qui passe pour écrire...

Le jeudi suivant, jour de séance, il emporta *les Chimères* à l'Académie, en lut plusieurs passages choisis d'avance, fit sa proposition pour le prix convenu, puis, se tournant vers M. Legouvé : « je suis sûr, dit-il, que l'esprit pardonnera à l'esprit... mon collègue et ami Legouvé n'en voudra pas à un jeune homme repentant d'avoir écrit ce vers si injuste et qui n'est qu'une légèreté de poète. » Et il lut le vers.

M. Legouvé sourit, et donna sa voix.

Mérat eut le prix qui était de 1500 francs.

Il y eut, à cette occasion, un lunch sur le boulevard, où quelqu'un ayant dit : « ceci prouve, messieurs, que le talent de l'auteur n'est pas une *chimère*, » Alphonse Daudet s'écria : « il y a une rallonge, dites *chimérat*... »

CCXCIII

En 1867, l'année de l'Exposition universelle, il y avait au *Figaro* un jeune polonais, du nom de S... P..., qui se présenta un jour chez Sainte-Beuve, en lui disant : « monsieur, je viens de publier un buvard avec un Vocabulaire de la langue française. M. de Villemessant voudrait l'offrir en prime à ses abonnés, et vous serait obligé de lui adresser une lettre sur l'orthographe et la nécessité de tenir sous la main, quand on écrit, un dictionnaire auquel on puisse avoir recours sans se déranger... » Sainte-Beuve dicta à son secrétaire une *Lettre sur l'orthographe*, qui parut dans le *Figaro* (15 mars 1867), et qu'il a recueillie depuis dans le tome XI des *Causeries du Lundi*.

Le *Figaro* s'imprimait encore rue Coq-Héron, chez Dubuisson. Le secrétaire alla corriger l'épreuve à l'imprimerie : il connaissait un des rédacteurs du *Figaro*, M. Alphonse Duchesne, qui le fit asseoir à une table verte, en face de M. Henri Rochefort. On lut, dans un journal, que M. Rochefort étant ennemi de l'empire et républicain, ne devait pas écrire dans

le Figaro. C'était un journal de jeunes, de *purs*.[1]
« Qu'ils me donnent vingt mille francs comme *le
Figaro*, dit le spirituel journaliste ; et j'écrirai chez
eux. » M. Duchesne ayant vu, dans *le Constitutionnel,* que le prince impérial était malade : « quelque
hérédité, dit M. Rochefort ; c'est tout ce que le père
a de *constitutionnel.* » Une plaisanterie de *la Lan-
terne* avant la lettre. Le célèbre pamphlet était encore
dans les limbes... du *Figaro*.

A quelques jours de là, l'auteur du Vocabulaire-
buvard alla remercier Sainte-Beuve, et cette fois en
compagnie d'un élégant et beau jeune homme,
M. Paschal-Grousset, qui débutait au *Figaro*. On
parla philosophie : M. Paschal-Grousset dit à Sainte-
Beuve : « c'est en vous lisant que j'ai appris à penser. » Mais on ne venait pas uniquement pour cela.
Le polonais exposa ainsi le but de sa visite : « votre
Lettre sur l'orthographe m'a porté bonheur, le buvard
s'enlève, je pends la crémaillère à Passy, nous
serons là tous des jeunes gens, je n'ose pas inviter
monsieur Sainte-Beuve, mais je le prie de permettre
à son secrétaire de se joindre à nous... »

Le soir même, rendez-vous était pris près de la
Madeleine dans un rez-de-chaussée, entièrement
meublé avec des piles du fameux buvard. A mesure
que les invités arrivaient, on les nommait : c'étaient
M. Edouard Lockroy, M. Francis Magnard, M. Paschal-Grousset, M. Bénédict Masson, le peintre des
Invalides, etc., etc. Le secrétaire de Sainte-Beuve

---

1. A moins que ce ne fût une tactique de *faux frères.*

se laissa prendre à cette plaisanterie de M. Edouard Lockroy : « quel âge me donnez-vous ? » M. Edouard Lockroy avait l'air d'un jeune vieillard : le secrétaire de Sainte-Beuve, physionomiste en dedans, répondit par un chiffre exagéré.

Des voitures à la file emportèrent ces messieurs à Passy. On passa devant la maison pompéienne, nouvellement construite, à laquelle on assigna toutes sortes d'emplois fantaisistes pour la durée de l'Exposition. Des hauteurs du Trocadéro, on jugeait de l'avancement des travaux du Champ de Mars, qui touchaient à leur fin : des banderolles flottaient déjà sur le Palais.

En arrivant à Passy, l'amphitryon ne retrouvait plus sa maison. On alla de porte en porte la demander. Les concierges crurent à une mauvaise plaisanterie, et s'ameutèrent. M. Lockroy parlait déjà d'aller manger une omelette chez un marchand de vin. Enfin, au fond d'une longue allée, on découvrit la salle à manger. Elle était magnifiquement servie et resplendissante de lumières. On se mit à table. Le champagne petilla dès le potage : à chaque instant, c'était une nouvelle détonation. L'esprit aussi, avec l'ancien compagnon de voyage de M. Renan, petillait : tout le monde était en gaîté.

On alla de là au théâtre Rossini, où l'on entra en criant : vive Bénédict Masson, et l'enlevant triomphalement par les jambes. Le peintre ne pesait pas lourd à celui qui l'élevait ainsi sur le pavois.

On revint ensuite en voiture jusqu'au café Soufflet, du boulevard Saint-Michel. Les rédacteurs du *Figaro* s'étaient donné rendez-vous là. Il fallait de la copie le soir même au journal. « Quel homme ! disait-on de M. de Villemessant ; il nous tue. » C'est toujours ainsi qu'on parle du patron, en tout temps, en tout lieu, en toute circonstance, quand il y va de la digestion et du sommeil.

Des points d'interrogation se posaient, dans la voiture, au sujet du jeune étranger qui nous avait si bien traités. « Il doit être honnête, » dit quelqu'un. — « Il y a plus de doute et de scepticisme dans cette affirmation méridionale, répliqua Francis Magnard, que dans une simple négation. »

— Et cet aventurier, qu'est-il devenu ? demandait, dix ans après, M. Edouard Lockroy à quelqu'un qui lui rappelait cette soirée de Passy.

— Il a joué, quelque temps, les *Ver-Vert* dans une communauté religieuse, puis son nom a reparu dans les journaux, entre le premier siège de Paris et la Commune : il avait une mission internationale de Londres à Paris.

CCXCIV

Une femme n'est pas toutes les femmes.

CCXCV

Le tort des hommes est de se croire plus malins que les femmes.

CCXCVI

Le goût des femmes pour certains fromages m'explique le succès de certains hommes auprès de quelques-unes.

CCXCVII

Deux problèmes difficiles à résoudre dans les petits ménages : l'éclairage et le chauffage.

Louis-Philippe ne pouvait pas venir à bout de ses cheminées ;

Charles-Quint, de ses pendules.

CCXCVIII

Le goût exclut le naturalisme, et c'est autant de perdu pour l'observation. L'imagination ne dépasse rien. Tout est possible.

CCXCIX

Chacun voit comme il a l'œil.

CCC

Préault s'écrie devant le portrait d'Ingres, à l'Ecole des Beaux-Arts, au-dessous duquel on a suspendu les médaillons de Flandrin et de Simart : « Ingres et ses deux ... » (Cherchez le mot bien italien dans les *Confessions* de Jean-Jacques).

CCCI

Buloz, en parlant d'un de ses secrétaires qui venait de mourir, disait : « c'est bien heureux pour lui qu'il soit mort, car il ne pouvait plus rester à la *Revue.* » — Comme les catholiques disent : hors de l'Eglise, point de salut !

Le même Buloz, pendant qu'il était directeur de la Comédie française, disait d'un artiste qui ne voulait point jouer le soir, parce qu'il avait enterré son père dans la journée : « eh bien, il peut bien jouer dans un rôle triste. »

CCCII

La messe est aux mystères de la Passion du moyen âge ce que sont les tragédies du xvii⁰ siècle à la tragédie antique : une réduction.

CCCIII

C'est extraordinaire, comme il est entré de l'imitation dans l'originalité romantique du xix⁰ siècle !

Le Théâtre-Français a fait beaucoup pour la natu-

10

ralisation de Shakespeare. Parviendra-t-on à l'accli-
mater entièrement ? C'est ce que l'avenir dira. Il
faut bien reconnaître qu'il y a beaucoup d'archaïsmes
et pas mal d'enfantillages au fond, mais le décor
poétique, qui les recouvre, est si riche ; les pensées et les sentiments exprimés sont si nobles et si
élevés qu'on oublie ce qui choque le sens commun.
Nous n'en sommes plus à exorciser le diable avec un
signe de croix, et nous ne sommes même pas bien
sûr qu'au siècle de Shakespeare, qui était celui de
Rabelais, on crût davantage à ces diableries et subtilités théologiques, en lesquelles Hamlet semble être
passé maître, qu'on n'y croit aujourd'hui, du moins
en France, où le doute a de tout temps précédé Voltaire, qui n'a eu qu'à lui donner son nom : voltairia-
nisme.

Les grands poètes se reconnaissent surtout à la
façon dont ils créent la jeune fille. Ophélie est, avec
la Marguerite de Gœthe, une de ces idéalisations
qui font le plus d'honneur au génie humain. C'est
par là que Shakespeare n'était pas seulement de son
siècle, mais de tous les siècles, comme il est écrit sur
son monument à l'abbaye de Westminster.

Mais nous, Français, pourquoi délaissons-nous à
ce point les tragédies de Voltaire ? Elles ont éclairé
leur siècle, elles ont *porté*, on pourrait en citer nombre de vers qui ont fait balle... ce sont les jésuites
qui avaient intérêt à faire croire qu'elles étaient de
qualité littéraire inférieure.

Ce n'est pas être d'un classique attardé que d'oser
affirmer que le génie français de Voltaire vaut bien

le génie anglais de Shakespeare, et qu'il a rendu plus de services à l'humanité.

Au sortir d'une représentation d'Hamlet.

CCCIV

A qui peut-on mieux appliquer qu'à M. Taine lui-même les lignes suivantes, extraites de son premier article sur *Napoléon Bonaparte (Revue des Deux Mondes,* 15 février 1887, p. 737) : « Depuis trois siècles, nous perdons de plus en plus la vue pleine et directe des choses ; sous la contrainte de l'éducation casanière, multiple et prolongée, nous étudions, au lieu des objets, leurs signes ; au lieu du terrain, la carte ; au lieu des animaux qui luttent pour vivre, des nomenclatures, des classifications, et, au mieux, des spécimens morts du muséum ; au lieu des hommes sentants et agissants, des statistiques, des codes, de l'histoire, de la littérature, de la philosophie, bref, des mots imprimés... »

CCCV

Les plus difficiles pourraient se contenter du jugement de Courier sur Bonaparte, dans la lettre datée de Plaisance (mai 1804) : « Nous venons de faire un empereur... » Il y a là de quoi satisfaire une conscience républicaine : « Un homme comme lui, Bonaparte, soldat, chef d'armée, le premier capitaine du

monde, vouloir qu'on l'appelle majesté. Etre Bonaparte, et se faire sire ! *Il aspire à descendre* : mais
non, il croit monter en s'égalant aux rois. Il aime
mieux un titre qu'un nom... » Tout le contraire de
celui qui s'écriait, sans penser à Courier ni à
Bonaparte, devant la cour d'assises où il était
assigné pour exercice illégal de la médecine en mai
1846 : « Un jour, fils de mes œuvres et dépendant
de moi seul, d'un bout de l'univers à l'autre, aux
yeux des savants, je serai Raspail. Et je le suis !
offrez-moi donc un titre qui me vaille ! » Ce qui
n'empêchait pas Raspail de pleurer au retour des
Cendres, et ces larmes respectables, cette émotion
d'un républicain *qui se souvenait* en disent et témoi-
gnent assez sur la grandeur d'une époque disparue
que tous les sophismes de la nôtre ne peuvent venir
à bout d'amoindrir. Question de mode. Le jugement des contemporains reprend tôt ou tard ses
droits.

> Ils furent le jour dont nous sommes
> Le soir et peut-être la nuit,

comme dit Gautier.

CCCVI

En fait de *sophismes*, deux *perles*, cueillies, l'une,
dans *le Figaro* du 5 avril 1884 :

« Le baron de Vitrolles est une des figures les
plus curieuses de cette Restauration qu'on a tant

calomniée. Né en 1774, il arrivait à l'adolescence au moment de la Révolution. Emigré, il se battit vaillamment à l'armée de Condé... En 1814, il n'hésita pas à franchir les lignes ennemies, à s'aboucher avec les alliés et à les encourager à marcher sur Paris. Il fut ainsi l'un des principaux agents de la chute de l'Empire... » ;

L'autre, dans *le Livre*, recueil des bibliophiles bien pensants (à la date du 10 avril 1884, n° 52) :

« L'histoire de la Révolution a vraiment commencé depuis dix ans. Les livres de Thiers, de Mignet, de Lamartine, tous fourmillant d'erreurs grossières, semblent aussi démodés que les livres d'Anquetil. M. Taine, M. Charles d'Héricault pour l'histoire générale ; M. Wallon pour le tribunal révolutionnaire, M. Camille Rousset pour l'armée, M. Albert Duruy et l'abbé Sicard pour les questions qui concernent spécialement l'enseignement, ont fait partout la lumière, rétabli partout la vérité... »

Oui, la vérité *ad majorem Dei gloriam !*

CCCVII

Le maréchal Bugeaud disait en Afrique, parlant des hommes de bonne volonté : « ce sont toujours les mêmes qui se font tuer. »

CCCVIII

Dans la bataille des idées, le projectile est l'idée même. Il ne faut pas plus se préoccuper de leur application possible et immédiate qu'un conquérant ne s'inquiète si l'obus qu'il lance sur une ville assiégée ne va pas détruire un chef-d'œuvre.

CCCIX

La grandeur des hommes se mesure bien à leur temps.

CCCX

Ce qu'il y a de curieux en France, c'est que toutes les fois qu'une faute est commise, on est toujours prêt à la recommencer.

CCCXI

Il y a des gens qu'il faut croire sur parole, même quand ils mentent.

CCCXII

La plupart des hommes se meuvent plutôt d'après des intérêts que d'après des principes. Il en est ainsi depuis le commencement du monde. Mais il était réservé à notre temps de faire de cela une doctrine : on l'a appelée l'opportunisme.

CCCXIII

Ceux qui ne sont pas fous, sont pires.

CCCXIV

Les excès de presse entraînent le mauvais langage, et le mauvais langage entraîne les mauvaises mœurs.

CCCXV

A force de mâcher à creux, le vide m'est apparu. La politique n'est plus aujourd'hui pour moi qu'une maison dont je serais le locataire, et qui changerait de temps en temps de maître. On paie son loyer : quand il est augmenté, on subit l'augmentation pour éviter des frais de déménagement, mais on ne demande pas des nouvelles du propriétaire ou du gérant. — Propriétaire ou gérant, c'est tout un pour le locataire. — On se fait à la longue une philosophie (celle de l'Ane, à qui le bât n'est pas épargné), et l'on finit par se dire qu'en matière de gouvernement aussi, *Is pater est quem nuptiæ...* (les noces du doge de Venise avec l'Adriatique) [1].

CCCXVI

Croire qu'il n'y a rien eu avant, et ne pas se douter qu'il y aura quelque chose après, c'est l'orgueil de tous les parvenus : c'est le propre des générations nouvelles.

CCCXVII

Epitaphe de Roudil, poète languedocien du xviiᵉ siècle, que je m'appliquerais à moi-même :

Qui jacet hoc tumulo, quondam dum vita manebat
Pauper fortunis, indole dives erat.

CCCXVIII

Aux approches de l'Exposition universelle de 1867, M. Duruy, ministre de l'Instruction publique, arriva un matin, de très bonne heure, chez Sainte-

1. J'allais mettre le signet à ce volume, le même jour que M. Pichon écrivait dans *la Justice* (10 mai 1887) : « Les voix révolutionnaires se sont accrues. Est-ce étonnant? Pas le moins du monde. La politique actuelle est ce qu'il y a de mieux pour renforcer les opinions extrêmes. On ne la ferait pas différente si l'on avait le parti pris de créer, d'une part,

Beuve. Il n'était pas neuf heures. M. Duruy venait
de sa propriété de Villeneuve-Saint-Georges ; en
parfait gentleman, il *conduisait* lui-même. Ce roule-
ment de voiture à une heure si matinale fit regarder
derrière les rideaux de la salle à manger de la petite
maison de la rue Mont-Parnasse. — « C'est le
ministre... — Quel ministre ? demanda le secrétaire.
— M. Duruy. » On le fit entrer au salon, et l'on
monta prévenir Sainte-Beuve qui se rasait, selon
son habitude, tous les matins, dans une pièce d'en
haut. Sainte-Beuve fit prier le ministre par son
secrétaire de l'excuser et de vouloir bien attendre
un peu, qu'il eût fini sa toilette. Le secrétaire,
homme d'amitié autant que de principes, qui vivait
à la fois dans deux milieux littéraires où il était
bien informé, et dont l'existence, à trente ans,
ressemblait à un somnambulisme perpétuel, où la
littérature était son principal rêve, aborda délibéré-
ment le grand maître de l'Université, comme un
jeune homme qui ne doute de rien. « Eh bien, monsieur le ministre, dit-il, vous n'avez donc pas voulu

l'indifférence et d'augmenter, de l'autre, les mécontents et les
désespérés. Que fait-on dans l'ordre politique ? Rien. Dans
l'ordre social ? Rien. Dans l'ordre municipal ? Rien. Si avec
cela on n'aboutissait pas à augmenter le chiffre des violents,
ce serait un miracle. Si l'on veut toute notre pensée, il vaut
même mieux qu'il en soit ainsi que si l'indifférence s'emparait
décidément du suffrage universel. On peut ramener à soi, par
un changement d'attitude après avoir constaté ses fautes, les
électeurs aigris ou même découragés. On ne triomphe pas de
l'indifférence, parce qu'elle est fille du scepticisme qui est le
dernier mot de l'esprit sur lui-même. »

décorer notre ami Monselet ? (Monselet avait été pro-
posé pour la croix par le comité de la Société des
gens de lettres, sur l'avis de Champfleury, qui
n'était pas lui-même encore décoré). — Non, répondit M. Duruy ; le ministre de l'Instruction publique
n'est pas un petit abbé, le ministre de l'Instruction
publique est collet monté... — Monselet non plus
n'est pas un abbé, répondit le secrétaire de Sainte-
Beuve, car il est marié et il a beaucoup d'enfants...
— Comment ! il est marié et il a des enfants ! mais
on ne m'avait pas dit cela[1] ... Du reste, s'il y a eu des
erreurs, j'apporte un plan à Sainte-Beuve qui les
réparera... » Le secrétaire répondit qu'il n'y avait pas
eu d'erreurs ; seulement qu'on aurait aimé à voir
décorer Monselet, l'homme de lettres par excellence ;
et, comme Sainte-Beuve tardait à descendre, pour
faire prendre patience au ministre, il lui dit : « on
vous a refusé ces jours-ci l'instruction gratuite et obli-
gatoire... » M. Duruy répondit textuellement : « oui,
l'on aime mieux encourager les canons rayés et les
frégates cuirassées... *On trouve que ces engins portent
plus loin que l'instruction...* » Là-dessus Sainte-
Beuve entra et le secrétaire s'empressa de remonter
à son ouvrage, dans lequel il s'enfonça jusqu'au cou,
se demandant s'il n'avait pas été trop hardi. Il copiait
en ce moment des lettres autographes de Proudhon,
sur lequel Sainte-Beuve faisait des articles. Il entendait au-dessous de lui le bruit de la conversation, qui

---

1. C'est ainsi que les ministres sont toujours bien ren-
seignés.

dura longtemps, et plus elle se prolongeait, plus il s'attendait à des reproches, de la part du maître, pour avoir osé parler, comme il l'avait fait, au ministre.

Quand Sainte-Beuve rentra dans sa chambre, qui lui servait de cabinet de travail, il avait l'air tout guilleret. — « Vous lui avez donc demandé la croix pour Monselet? dit-il à son secrétaire. — Oui... — Vous avez bien fait. Quand vous nous avez quittés, il m'a dit : « quel est ce jeune homme ? » — « C'est mon secrétaire... » — « Il vient de me demander la croix... » — « Pour son ami Champfleury ? » — « Non, pour Monselet. » — « Ah ! oui, parce que Champfleury l'avait demandée pour Monselet à la Société des gens de lettres ; mais, moi, je vous la demande pour Champfleury et pour Monselet... »

M. Duruy était venu expliquer à Sainte-Beuve un projet qui consistait à préparer, pour l'Exposition de 1867, un Tableau de la littérature, des arts et des sciences, depuis 1851. Dans sa pensée, chaque branche principale de ce vaste travail aurait eu à sa tête un sénateur académicien, lequel devait choisir ses collaborateurs. Ainsi l'on arrêta tout de suite que l'on proposerait le Théâtre à Monselet, le Roman à Champfleury, la Poésie à Théophile Gautier... Sainte-Beuve aurait écrit nécessairement une Introduction. Dans la matinée, ayant reçu la visite de M. Germain, doyen de la Faculté des lettres de Montpellier, et professeur d'histoire, historien lui-même et membre de l'Institut, Sainte-Beuve lui proposa l'Histoire.

Quelques jours après, Sainte-Beuve lut, dans le

Journal des Débats, une lettre de laquelle il résultait
que M. Duruy avait légèrement altéré leur plan, sous
l'influence de M. Cousin. Cette lettre concluait à la
démonstration de la banale formule du *beau,* du *vrai*
et du *bien,* dont on commençait à abuser.

Sur ce, il écrivit à M. Duruy une lettre par laquelle
il donnait sa démission, lui désignant d'autres écrivains plus aptes que lui à cette démonstration. La
lettre de Sainte-Beuve disait ceci : « Si j'avais une
devise, ce serait le *vrai,* le *vrai* seul. — Et que le beau
et le bien s'en tirent ensuite comme ils pourront ! »

On peut la lire tout au long dans la Correspondance
de Sainte-Beuve, où elle a été recueillie à sa date
(9 décembre 1865).

Quand Monselet fut décoré, Sainte-Beuve l'invita
à dîner, et profita de l'occasion pour le réconcilier
avec son ami Paul Chéron, de la Bibliothèque (en ce
temps-là impériale), qui gardait une dent à Monselet
d'un article du *Figaro.*

Le secrétaire fut chargé de communiquer l'invita-
tion, à laquelle il ajouta ce quatrain :

> L'auteur de *Port-Royal,* Sainte-Beuve, a voulu
> Nous faire tous les trois boire en sa maisonnée ;
> Et celui qui de nous deux aura le plus bu,
> Aura certainement la croix une autre année.

Aucun des deux ne l'a eue.

Chéron est mort ;

L'autre ne regrette rien.

FIN

TABLE

DES NOMS PROPRES

Compiègne. — Imp. A. MENNECIER et Cie, rue des Petites-Ecuries, 17.